Einsterns
Schwester

2

Arbeitsheft 2
Richtig schreiben

Herausgegeben von
Roland Bauer
Jutta Maurach

Erarbeitet von
Katrin Baudendistel
Daniela Dreier
Alexandra Schwaighofer

Cornelsen

Inhaltsverzeichnis

Lernportion 1

Mit Silben arbeiten

⌣

★ Wörter und Silbenbögen verbinden .... 5 ☐

★ Silben schwingen .... 6 ☐

★ Silbenkerne kennen lernen .... 7 ☐

★ Silbenkerne eintragen .... 8 ☐

★ Silben zusammensetzen .... 9 ☐

✹ Wörter in Silben zerlegen .... 10 ☐

★ Wörter mit -el, -er .... 11 ☐

★ Wörter mit -en .... 12 ☐

★ Reimwörter erkennen .... 13 ☐

★ Reimwörter finden .... 14 ☐

✹ Reimwörter bilden .... 15 ☐

Lernportion 2

Ein Laut – mehrere Buchstaben

★ Wörter mit au .... 16 ☐

★ Wörter mit ei .... 17 ☐

★ Wörter mit eu .... 18 ☐

✹ Wörter mit au, ei und eu .... 19 ☐

★ Wörter mit ch .... 20 ☐

★ Wörter mit sch .... 21 ☐

★ Wörter mit ng .... 22 ☐

Lernportion 3

Besondere Laute

★ Wörter mit qu .... 23 ☐

★ Wörter mit sp und st .... 24 ☐

★ Wörter mit pf .... 25 ☐

★ Wörter mit x .... 26 ☐

★ Wörter mit v .... 27 ☐

✹ Wörter mit sp, st, qu, x und v .... 28 ☐

Lernportion 4

Das ABC

★ Ein ABC-Gedicht kennen lernen .... 29 ☐

★ Ein ABC-Gedicht aufschreiben .... 30 ☐

✹ Ein ABC-Gedicht erfinden .... 31 ☐

★ Ein Tier-ABC schreiben .... 32 ☐

★ Ein Verben-ABC ergänzen .... 34 ☐

★ Selbstlaute und Mitlaute kennen lernen .... 35 ☐

★ Wörter verwandeln .... 36 ☐

✹ Selbstlaute erkennen .... 37 ☐

Lernportion 5 ✦✦✦
Nachschlagen

★ Das ABC ergänzen .... 38 ☐
★ Das ABC üben .... 39 ☐
★ Nach dem ersten Buchstaben ordnen .... 40 ☐
★ Nach dem zweiten Buchstaben ordnen .... 41 ☐
★ Mit der Wörterliste umgehen .... 42 ☐
★ In der Wörterliste nachschlagen .... 43 ☐
✦ In der Wörterliste suchen .... 44 ☐

Lernportion 6 ✦✦✦
Kurze und lange Selbstlaute

★ Lange und kurze Selbstlaute .... 45 ☐
★ Wörter mit ie .... 46 ☐
✦ Wörter mit kurzem i .... 47 ☐
★ Wörter mit ie und kurzem i vervollständigen .... 48 ☐
★ Kurzer Selbstlaut und doppelter Mitlaut .... 49 ☐
★ Wörter mit ck .... 50 ☐
★ Wörter mit tz .... 51 ☐
★ Wörter mit doppeltem Mitlaut trennen .... 52 ☐
✦ Wörter mit ck, tz und doppeltem Mitlaut .... 53 ☐

Lernportion 7 ✦✦✦
Ableiten und verlängern

★ Nomen mit ä, ö, ü .... 54 ☐
★ Nomen mit ä ableiten .... 55 ☐
★ Nomen mit äu ableiten .... 56 ☐
✦ Verben mit ä und äu ableiten .... 57 ☐
★ Nomen mit d verlängern .... 58 ☐
★ Nomen mit g verlängern .... 59 ☐
★ Nomen mit ng und nk verlängern .... 60 ☐

Lernportion 8 ✦✦✦
Wortstamm und Wortfamilie

★ Wortfamilien kennen lernen .... 61 ☐
★ Wortfamilien erkennen .... 62 ☐
✦ Wortfamilien ergänzen .... 63 ☐
★ Wortstämme zuordnen .... 64 ☐
✦ Veränderte Wortstämme zuordnen .... 65 ☐
★ Veränderte Wortstämme erkennen .... 66 ☐

Lernportion 9 ✦✦✦
Merkwörter

★ Wörter mit doppeltem Selbstlaut .... 67 ☐
★ Wörter mit ß schreiben .... 68 ☐
✦ Wörter mit ß einsetzen .... 69 ☐
★ Wochentage .... 70 ☐
★ Monatsnamen und Jahreszeiten .... 71 ☐
✦ Zahlwörter .... 72 ☐
Wörterliste 73

Ich bin Lola und ich helfe dir.

So kannst du mit den Heften arbeiten

Du machst alle
Seiten der Lernportion .

Zuerst im
grünen Heft.

Dann im
roten Heft.

Dann im
gelben Heft.

Und dann im
blauen Heft.

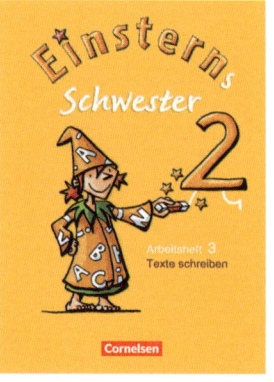
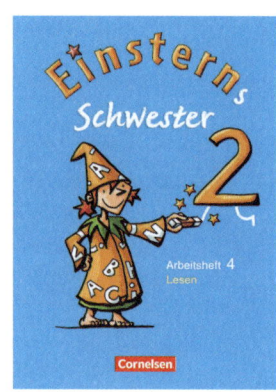

Danach machst du in
allen Heften die Lernportion .

Nun machst du in
allen Heften die Lernportion 3.

Genauso bearbeitest du
alle anderen Lernportionen.

Wörter und Silbenbögen verbinden

1 Verbinde mit den passenden Silbenbögen.

Tafel

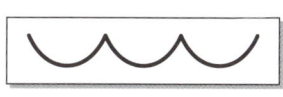

Lola

Schultasche

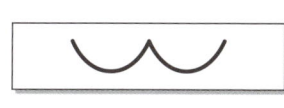

Tisch

Pinsel

Schwamm

1 Silben schwingen

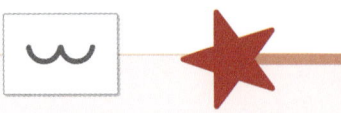

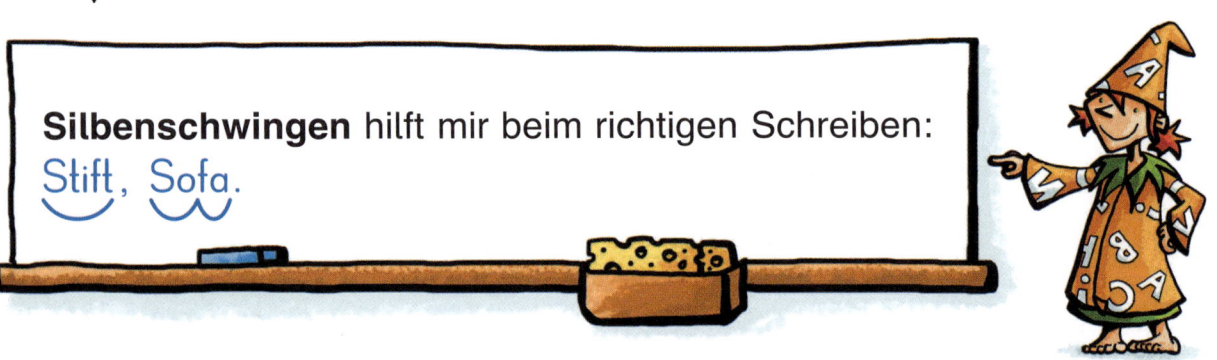

Silbenschwingen hilft mir beim richtigen Schreiben:
Stift, Sofa.

1 Sprich deutlich und zeichne die Silbenbögen. Schreibe die Wörter.

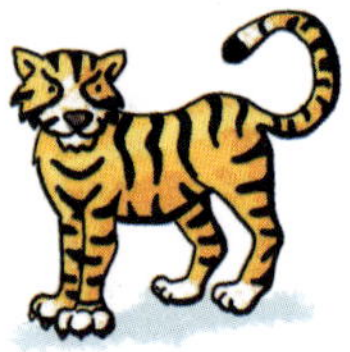

Tiger

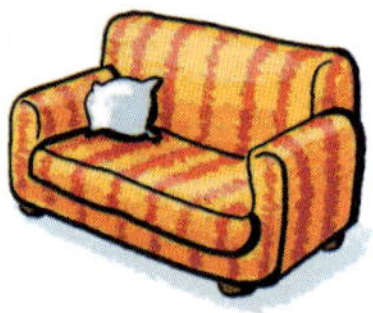

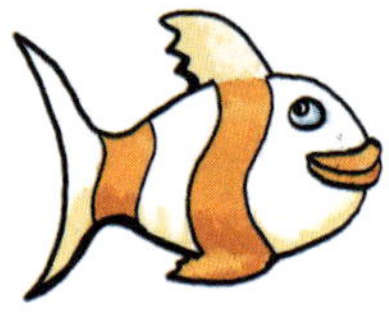

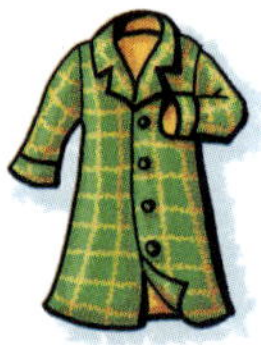

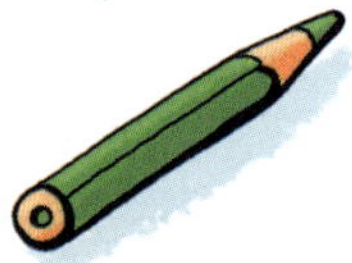

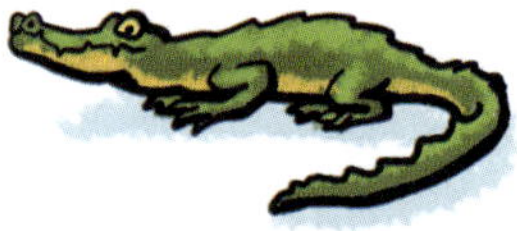

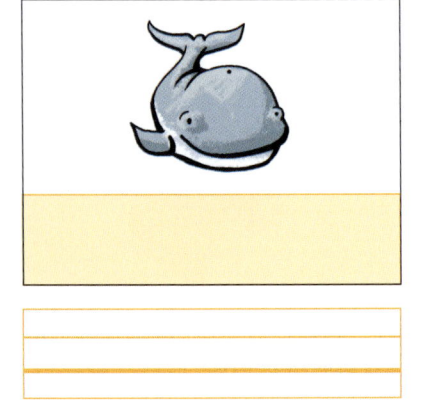

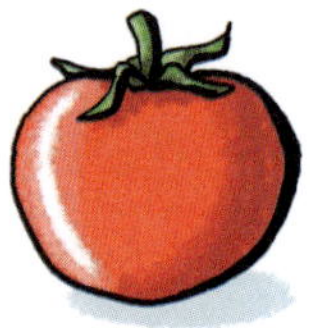

das Krokodil
die Schultasche
der Schwamm
der Wal

Silbenkerne kennen lernen

1 Sprich deutlich und zeichne die Silbenbögen.
Ergänze die Silbenkerne a, e, i, o und u.

Pi rat

R g n

B ch

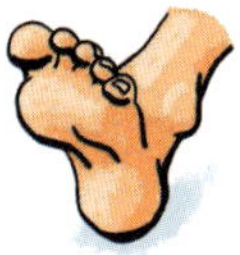

F ß

M nd

H s

B ll

Sch l l sch

Bl tz

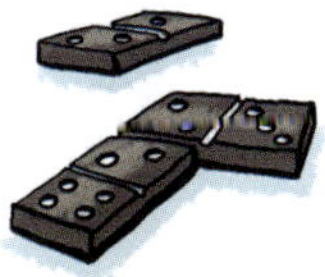

D m n

N d l

R g l

1   Sprich deutlich und zeichne die Silbenbögen. Ergänze die Silbenkerne.

Sand

a

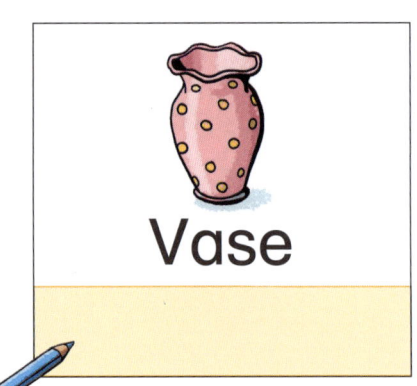

Vase

Rakete

Melone

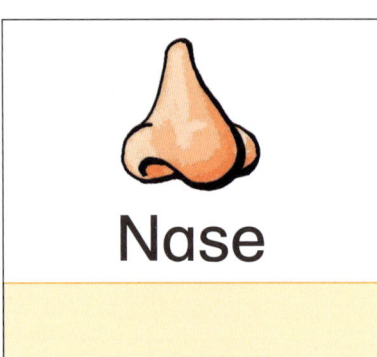

Nase

Nuss

Pferd

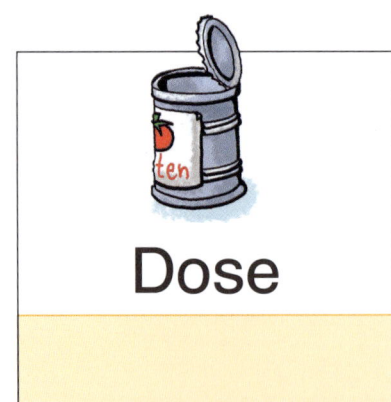

Dose

Hund

Lampe

Tafel

Blume

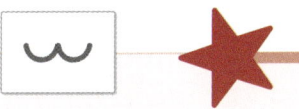
1 Verbinde passend.

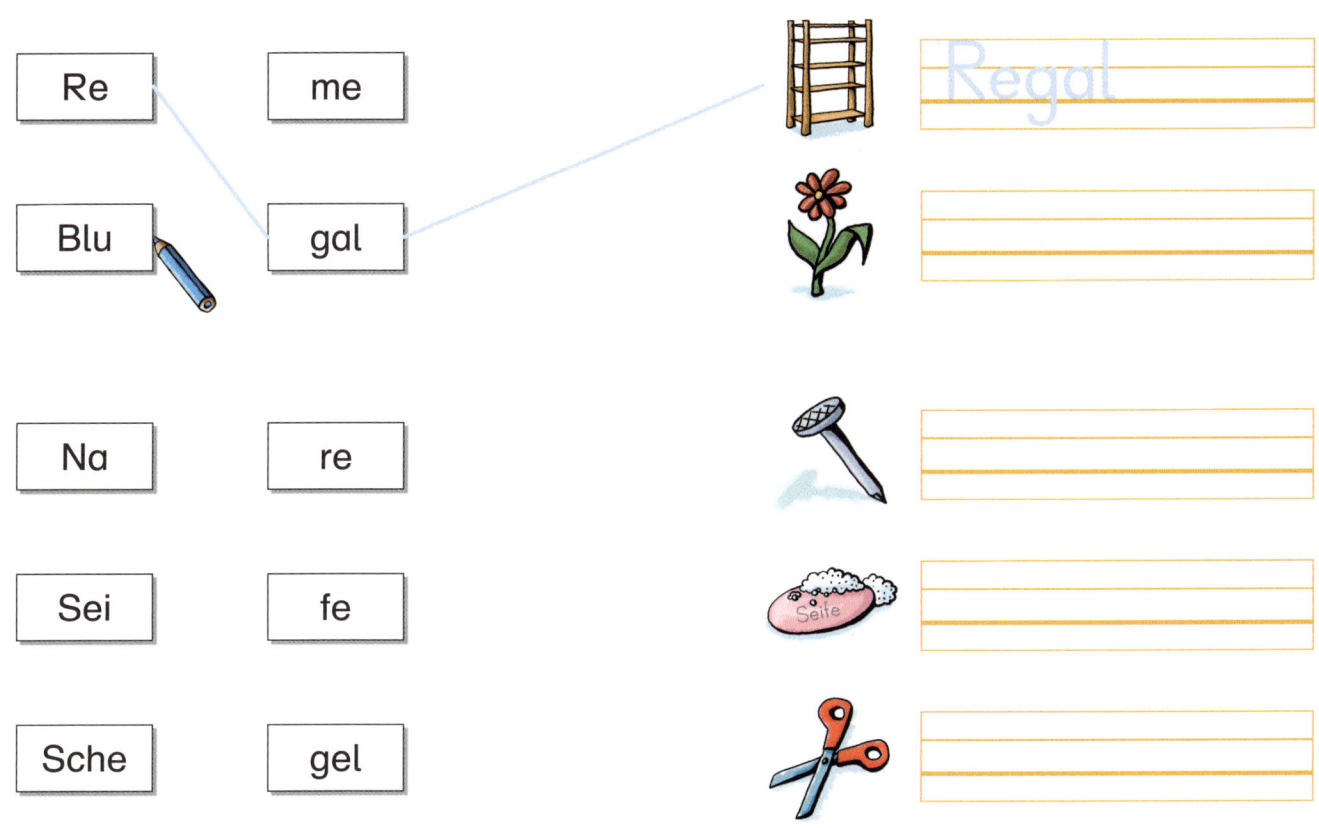

2 Setze die Silben zusammen und schreibe die Wörter.

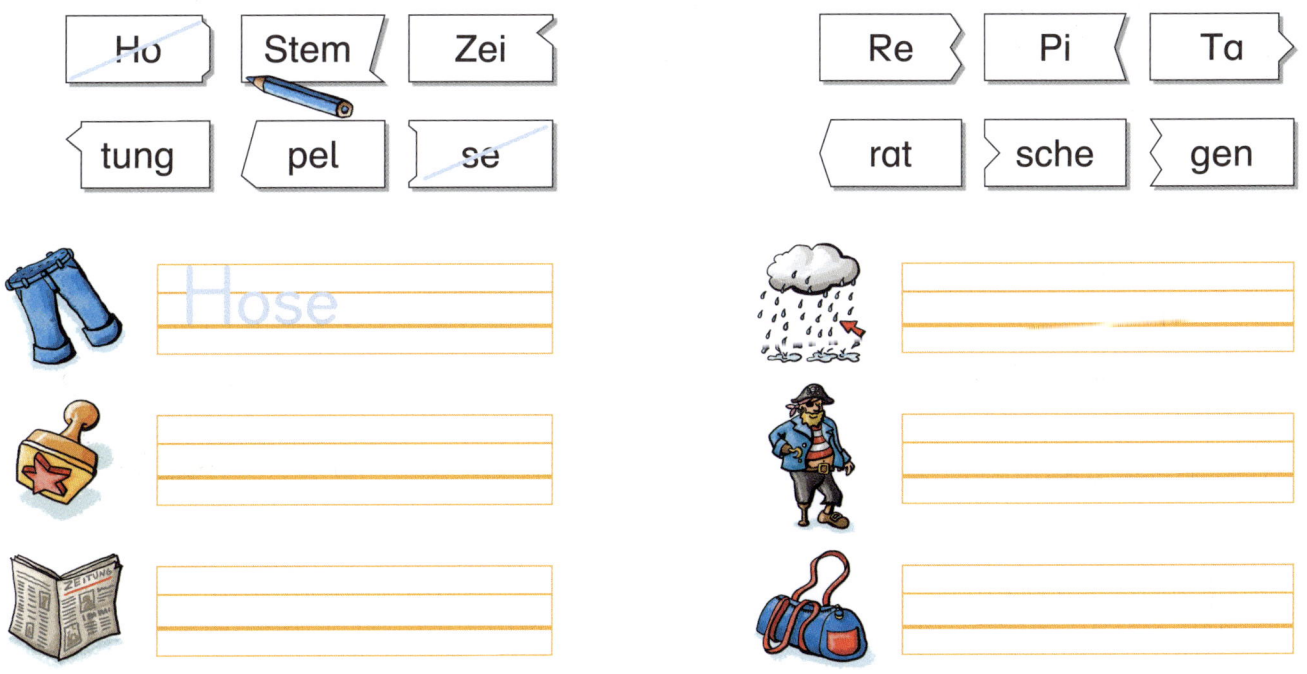

Wörter in Silben zerlegen

1 Sprich deutlich und zeichne die Silbenbögen. Schreibe die Silben auf.

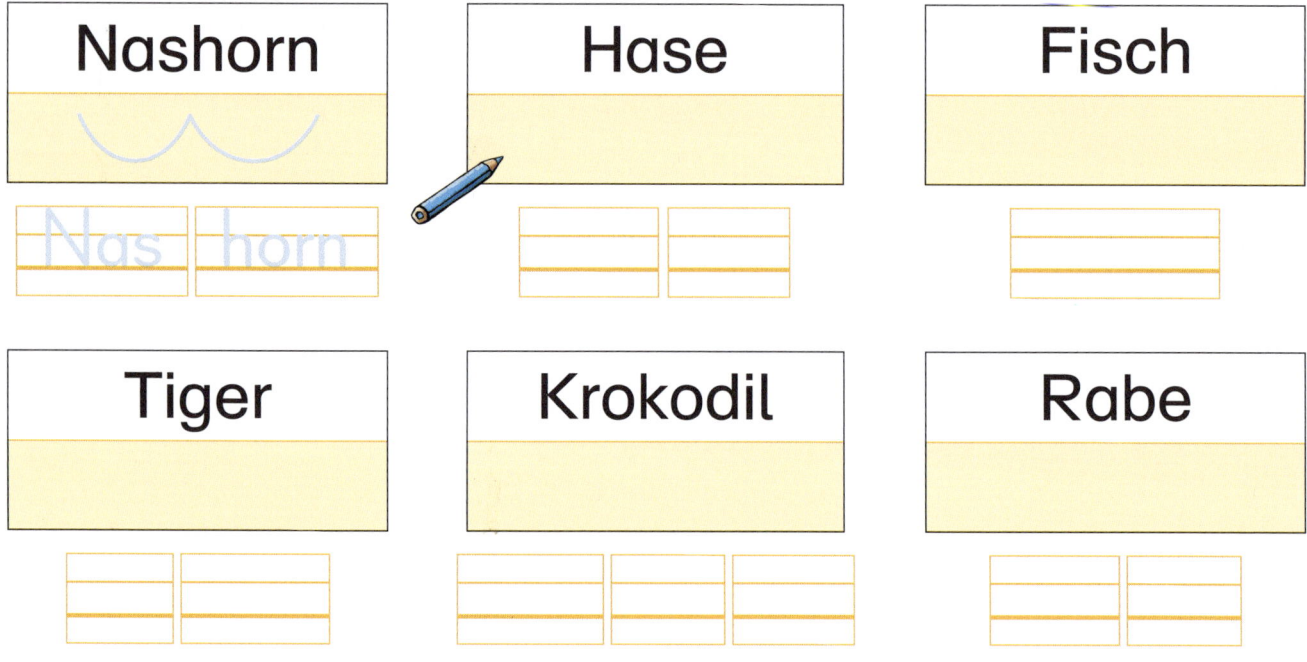

Nashorn

Nas horn

Hase

Fisch

Tiger

Krokodil

Rabe

2 Schreibe die Wörter in Silben auf.

Bir ne

1 Verbinde und schreibe.

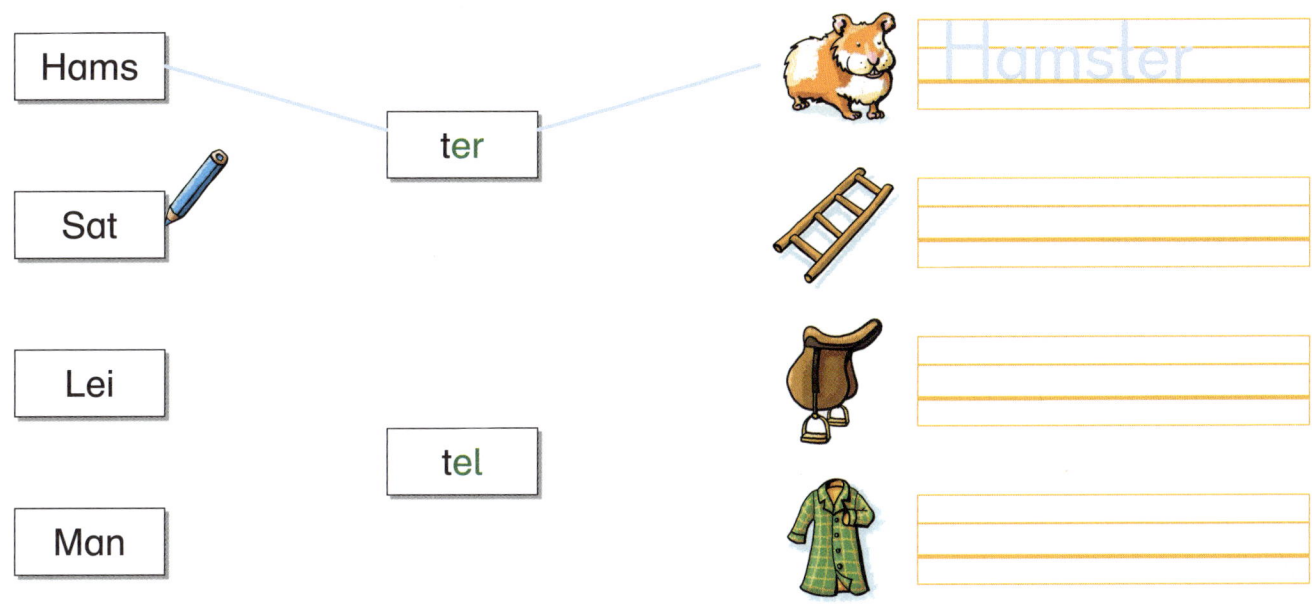

Hams		Hamster
Sat	ter	
Lei		
Man	tel	

2 Zeichne die Silbenbögen und ergänze die Silbenkerne.
Schreibe die Wörter.

Computer

der Computer
die Feder
der Mantel
der Nagel

1 Verbinde und schreibe.

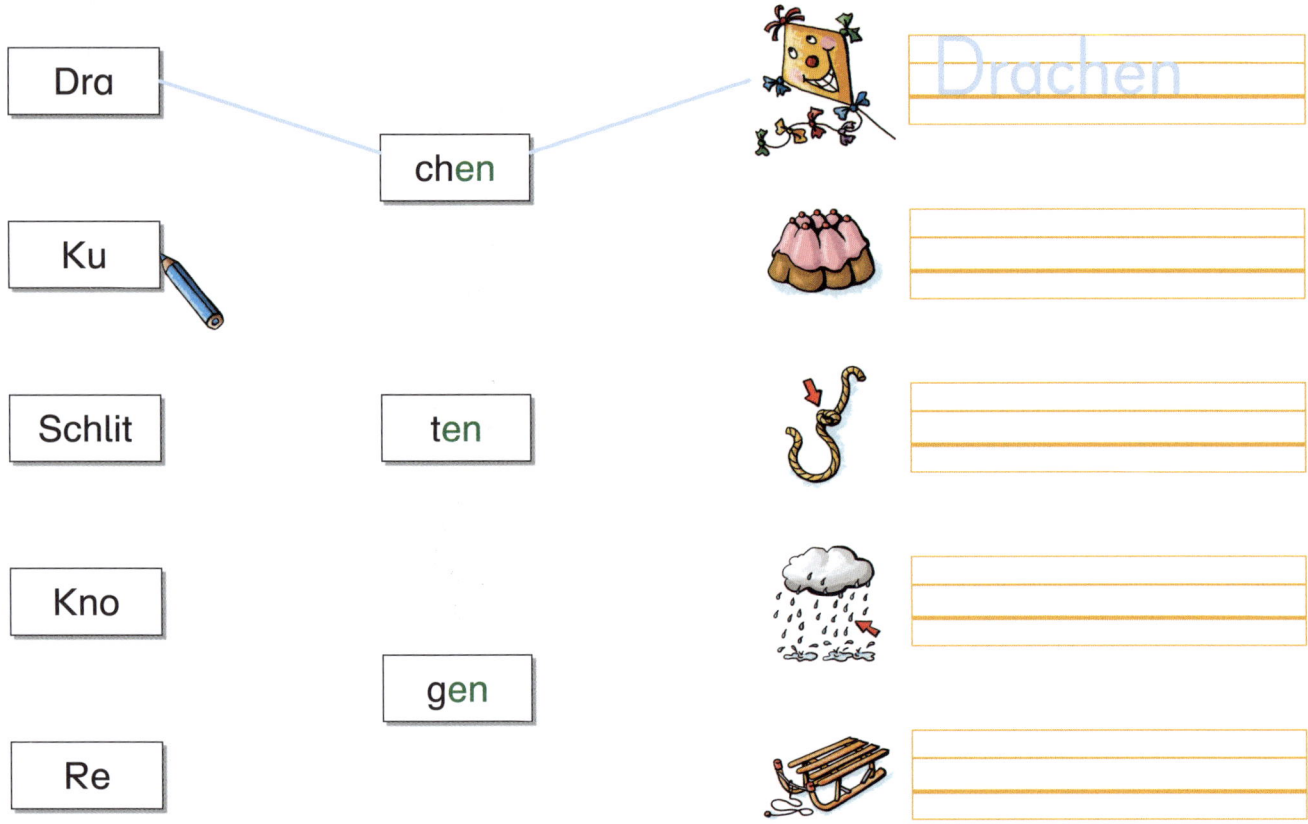

Dra

chen

Drachen

Ku

Schlit

ten

Kno

gen

Re

2 Zeichne die Silbenbögen und ergänze die Silbenkerne.

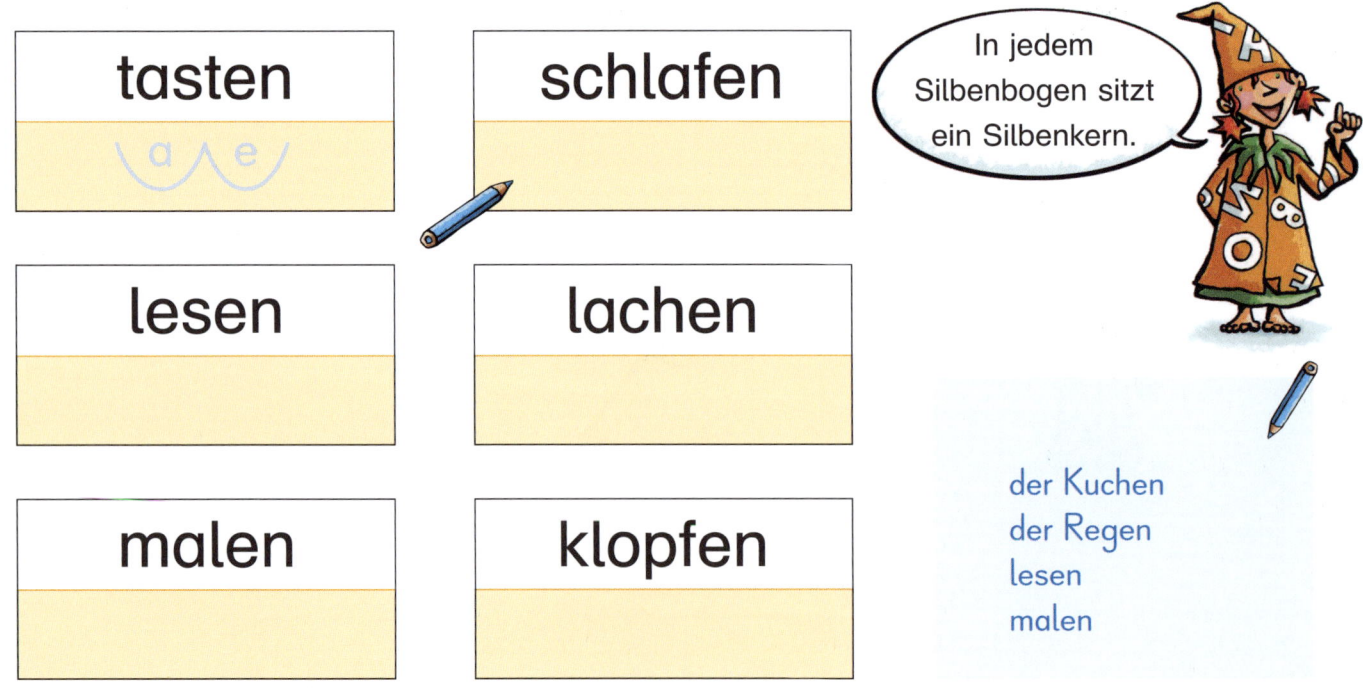

tasten

schlafen

lesen

lachen

malen

klopfen

In jedem Silbenbogen sitzt ein Silbenkern.

der Kuchen
der Regen
lesen
malen

1 Verbinde die Reimwörter und zeichne die passenden Silbenbögen.

stehen	anstellen	trinken

gehen	winken	anbellen

2 Verbinde und zeichne die Silbenbögen.

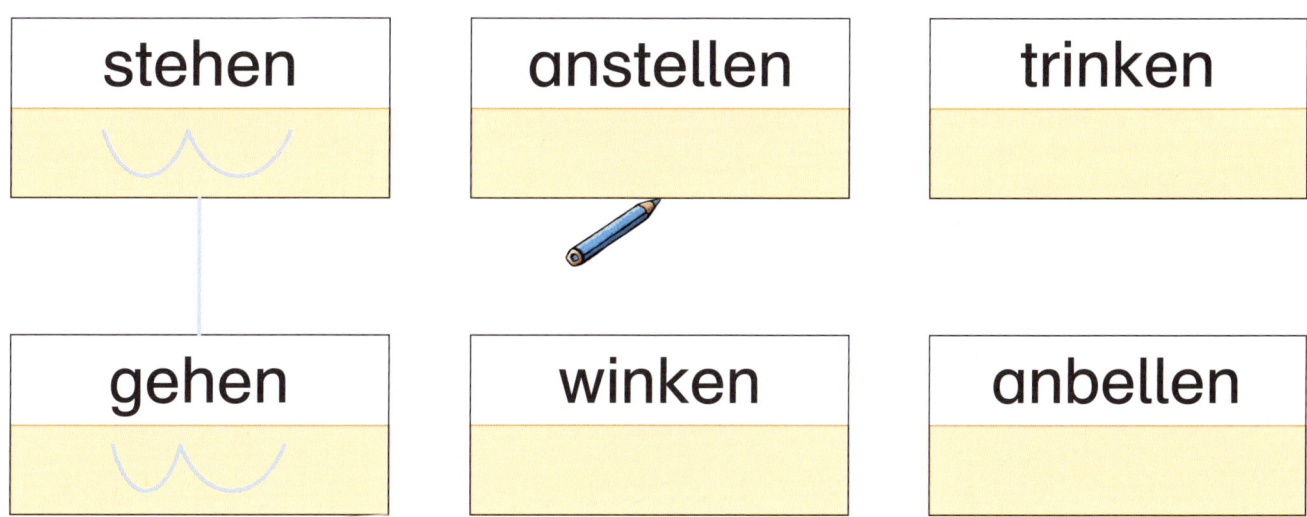

Topf	Tanne

Rakete	Knopf

Kanne	Tapete

a e e

o

a e

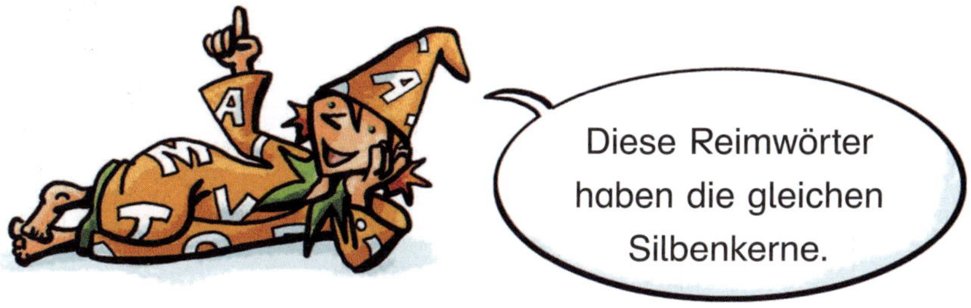

Diese Reimwörter haben die gleichen Silbenkerne.

1 Verbinde die Reimwörter und die passenden Silbenkerne.

Tasche	Liste	a ‿
Kiste	Sand	a‿ e‿
Land	Flasche	i‿ e‿

Glatze	Katze	a‿ e‿
Dose	Schnecke	o‿ e‿
Decke	Hose	e‿ e‿

Zelt	Kasse	e‿
Hund	Welt	u‿
Tasse	Mund	a‿ e‿

Fisch!

Tisch!

die Dose
die Flasche
der Mund
die Welt

1 Reimwörter bilden

1 Schreibe zu jedem Wort die passenden Reimwörter.

jagen	Rauch	Topf
sagen	B____	K____
fragen	Schl____	Z____

zielen	Gabel	Locke
sp____	N____	S____
sch____	Schn____	Gl____

2 Schreibe die Reimwörter.

Turm	Zopf
Wurm	

Kino	Pudel

Maus	Bauer

2 Wörter mit au

Weil **au** aus zwei Lauten besteht, ist au ein **Zwielaut**: Baum, Auge.
Andere Zwielaute sind **ei** und **eu**: Kleid, Zeugnis.

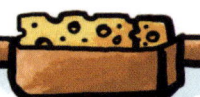

1 Schreibe das passende Wort.

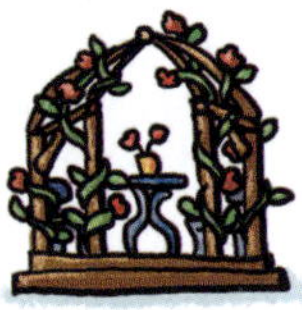

Laube

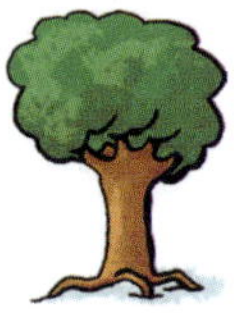

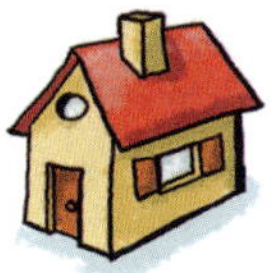

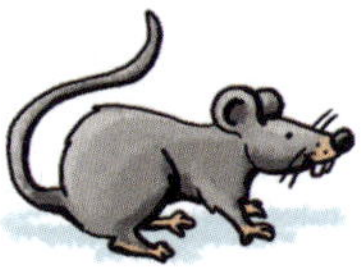

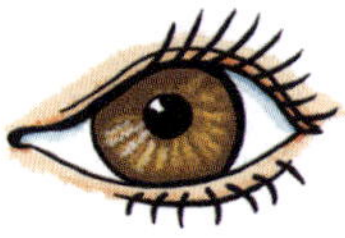

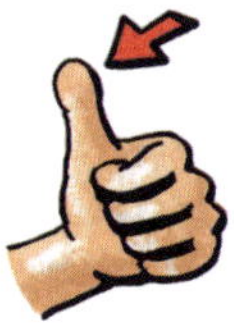

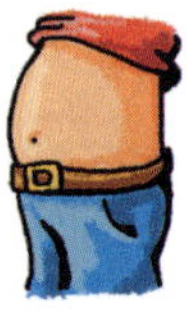

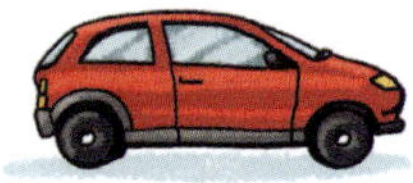

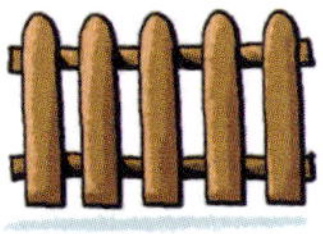

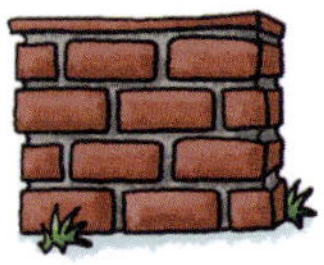

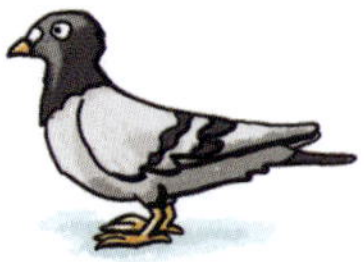

das Auge
das Auto
der Baum
das Haus

2. Wörter mit ei

1 Schreibe das passende Wort und unterstreiche den Zwielaut Ei und ei.

K   l
   ei
  d
	Pf f
	   ei
	     e
		B r
		ei

<u>Kleid</u>

Sch   w
  ei
    n
	S
	   ei
	 t e
		L ei
		   t
		 e r

Ei   e
     r
 m
	Z
	     ei
	 t
		P
		  r ei
		    s

2 Zeichne Striche zwischen die Wörter mit ei. Schreibe die Wörter auf.

SeifeBeinkleinLeiterKleidSeil

<u>Seife</u>

das Bein
das Kleid
die Leiter
klein

2. Wörter mit eu

1 Ergänze eu oder au.

| t_eu_er | D___men | s___ber | Z___gnis |

| Spielz___g | k___fen | n___ | Sch___fel |

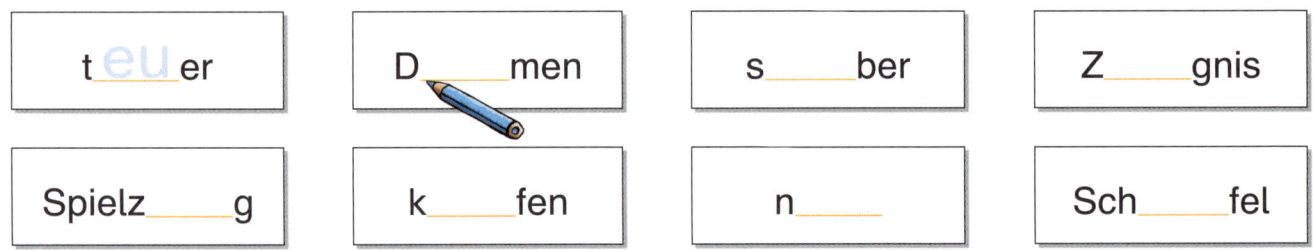

2 Setze die Wörter passend ein. Unterstreiche den Zwielaut eu.

| heute | neuen | freuen | neugierig | Freunde |

Der neue Schüler

Die 2b soll _heute_ einen _____ Schüler bekommen.

Alle sind _____ : Ist es ein Mädchen oder ein Junge?

Frau Reuter betritt mit einem Mädchen die Klasse.

„Das ist Lara, ihr werdet bestimmt bald

_____ werden",

sagt die Lehrerin.

Die anderen Mädchen _____ sich.

Endlich können sie eine komplette

Fußballmannschaft gegen die Jungen aufstellen!

Mädchen können auch Fußball spielen.

freuen
heute
neu
teuer

2. Wörter mit au, ei und eu

1 Verbinde passend.
Unterstreiche die Zwielaute au, ei und eu.

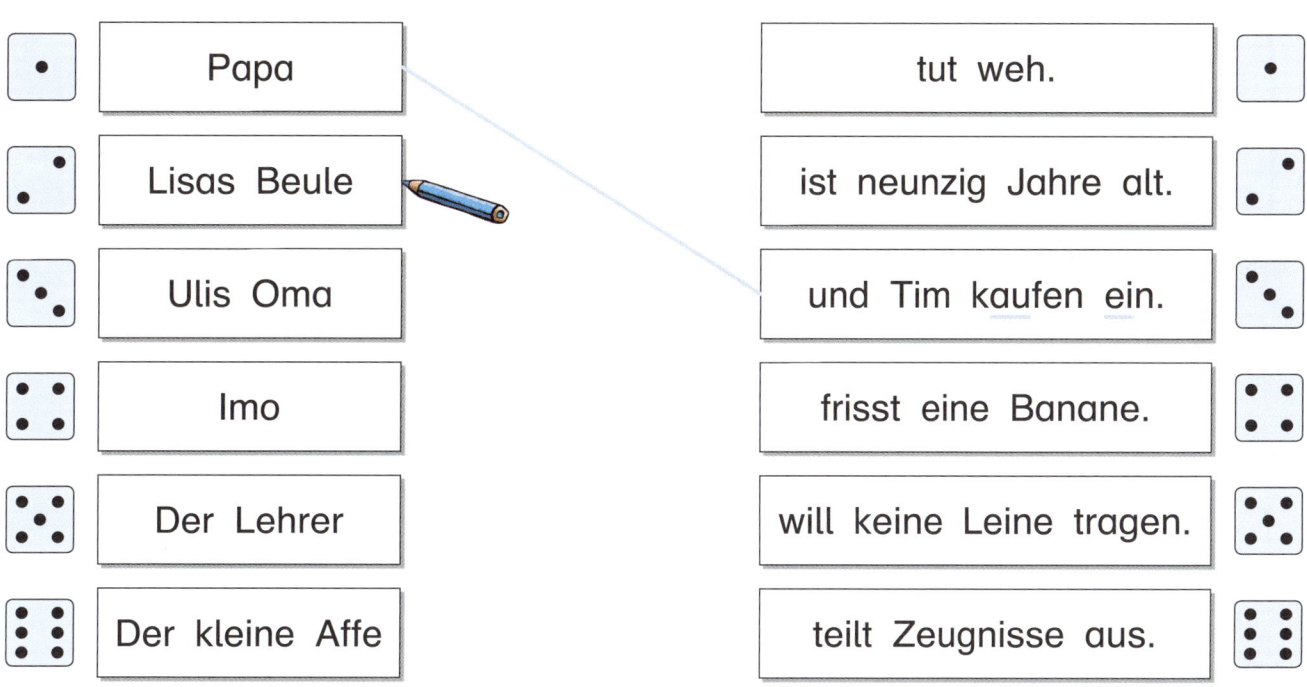

Papa	tut weh.
Lisas Beule	ist neunzig Jahre alt.
Ulis Oma	und Tim kaufen ein.
Imo	frisst eine Banane.
Der Lehrer	will keine Leine tragen.
Der kleine Affe	teilt Zeugnisse aus.

2 Würfle und schreibe einen Satz auf.

Heft 2, Seite 19
Papa und Tim kaufen ein.
Lisas Beule ...

Papa ...

So schreibe ich Wörter ab:

1. Ich lese jedes Wort.
2. Ich spreche das Wort in Silben.
3. Ich merke mir jede einzelne Silbe.
4. Ich schreibe das Wort Silbe für Silbe auf.
5. Ich vergleiche das Wort genau mit der Vorlage.

1 Schreibe die Wörter ab.

| Gedicht | lachen | kochen | leicht | Buch | Dach |

Gedicht

2 Unterstreiche alle Wörter mit dem **ich-Laut** und alle Wörter mit dem **ach-Laut** in der passenden Farbe.

Gesicht   mich   Licht   Sachen   kichern
           machen   Drachen   lachen

das Buch
das Gesicht
machen
leicht

Ge sicht

1 Zeichne die Silbenbögen.
Schreibe das Wort ab und unterstreiche sch.

kuscheln	wegschauen	schalten

kuscheln

duschen	ausschalten	schlafen

2 Schreibe das passende Wort. Unterstreiche Sch und sch.

Schatz

der Schal
die Schere
schalten
schlafen

2. Wörter mit ng

1 Unterstreiche ng in den Wörtern.

angeln	langsam	Ring	springen
Finger	langweilig	Angel	Ausrüstung

2 Setze die Wörter aus **1** passend ein.

Tim und Opa gehen angeln

Tim ist aufgeregt.

Er darf heute mit Opa _____angeln_____ gehen.

Stolz trägt er Opas _____ :

die Angel und den Angeleimer mit Haken und Ködern darin.

Opa zeigt Tim, wie man die _____ auswirft.

„So Junge, jetzt du. Aber _____ !", fordert Opa Tim auf.

Lange passiert gar nichts.

Tim wird es _____ .

Plötzlich biegt sich die Angelrute nach unten.

Opa und Tim _____ auf.

Haben sie etwas gefangen?

die Angel
der Finger
springen
langsam

Wörter mit qu

So schreibe ich Sätze ab:

1. Ich lese den Satz genau.
2. Ich schreibe ihn Wort für Wort ab.
3. Ich vergleiche den Satz genau mit der Vorlage.

1 Verbinde die passenden Satzhälften. Unterstreiche Qu und qu.

Quark	quietscht laut.
Tim	ist gesund.
Die Tür	quatscht im Unterricht.
Ein Frosch	hat viele Fangarme.
Eine Qualle	quakt am Teich.

2 Schreibe zwei Sätze aus **1** ab.

die Qualle
der Quark
quatschen
quietschen

Oh, **Qu**allen wird ja mit **Qu** geschrieben!

3   Wörter mit sp und st

1   Ergänze passend.
Sp oder St?

| das **Sp**iel | der _____urm | die _____inne | der _____rand |

| der _____ern | der _____ein | der _____aß | der _____echt |

sp oder st?

| **st**ehen | _____reiten | _____ielen | _____ringen |

| _____ecken | _____aren | _____oßen | _____ucken |

2   Setze die Wörter passend ein. Unterstreiche Sp, sp und st.

| ~~spielen~~ | streiten | Spaß | Spiel |

Tom und Lisa __spielen__ ein _____ am Computer.

Toms Spieler gewinnt. Lisa wird sauer und fängt an zu _____ :

„Du gewinnst immer! Mit dir macht es gar keinen _____

zu spielen!", ruft sie.

Was machst du,
wenn du verlierst?

der Spaß
der Strand
spielen
stehen

1 Zeichne Striche zwischen die Wörter mit Pf und pf.
Schreibe die Wörter auf.

> P f e i l T o p f P f e i f e A p f e l P f o t e k ä m p f e n

Pfeil

---

2 Löse die Rätsel und setze die passenden Wörter ein.

| Kopfball | tapfer | hüpfen | Pfosten |

Wenn man beim Fußball den Ball

mit dem Kopf schießt, nennt man das: _Kopfball_.

Ein anderes Wort für springen ist: _____.

Den seitlichen Rahmen vom Fußballtor nennt man auch: _____.

Ein anderes Wort für mutig ist: _____.

der Apfel
die Pfeife
hüpfen
kämpfen

Pfeil Pfau Pfeffer

1 Rahme alle Wörter mit x ein.

A	X	T	H	E	R	O	P	Z	B	N	X
X	D	W	Q	Ä	M	E	X	O	L	T	S
V	Z	T	U	P	E	X	L	X	Y	W	N
Ü	X	Y	L	H	E	X	E	B	G	M	A
I	O	Z	T	W	E	R	Q	T	A	P	I
M	Ä	P	B	O	X	E	R	G	R	E	P
Z	M	N	U	I	A	O	T	A	X	I	J
M	K	T	E	X	T	Y	A	M	N	B	U
R	L	E	X	I	K	O	N	V	B	N	M
R	A	O	Z	E	l	E	N	H	I	U	S

2 Schreibe die Wörter von oben auf.

die Axt

der

die

das

der

das

Nur der 1. Buchstabe wird groß-geschrieben.

die Axt
die Hexe
das Lexikon
der Text

3 Wörter mit v

So schreibe ich ein Dosendiktat:

1. Ich schreibe jedes Wort auf ein Kärtchen.
2. Ich nehme ein Kärtchen und lese das Wort genau.
3. Ich stecke das Kärtchen in eine Dose.
4. Ich schreibe das Wort auswendig auf.
5. Ich mache das mit allen Wortkärtchen.
6. Ich hole alle Wortkärtchen aus der Dose und vergleiche.
7. Ich verbessere die Fehler.

1 Schreibe die Wörter ab.

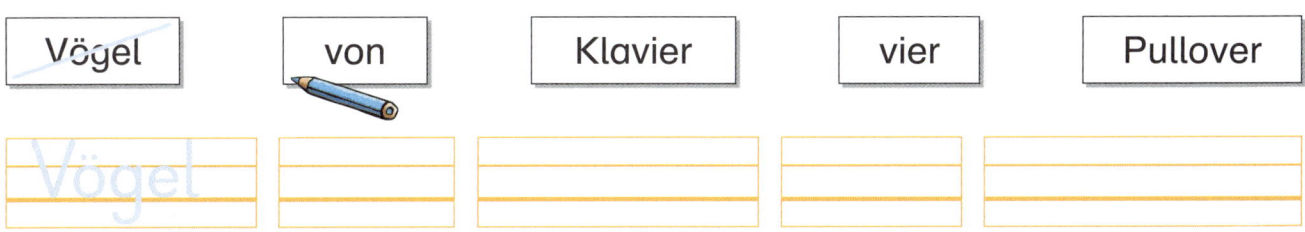

| Vögel | von | Klavier | vier | Pullover |

Vögel

2 Unterstreiche alle Wörter mit **V** wie in 🦆 und alle Wörter mit **V** wie in 🧛 in der passenden Farbe.

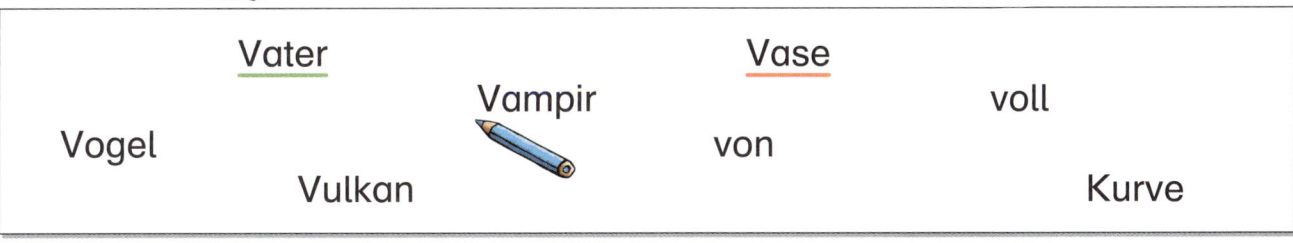

Vater　　　　　　　Vase

Vogel　　Vampir　　　von　　　　voll　　　Kurve

Vulkan

die Vase
der Vater
voll
von

3. Wörter mit sp, st, qu, x und v

1 Schreibe die Wörter.

Qualle

2 Schreibe die passenden Wörter in die Lücken.

| still | Vögel | spähen | Qualle | Spalt |

Nachts im Garten

Tim und Lisa zelten heute Nacht im Garten.

Plötzlich hört Tim ein Geräusch.

„Sei mal _still_ ! Ist das ein Specht?", fragt er.

„Quatsch, _____ schlafen doch nachts!", sagt Lisa.

„Was war es dann?", fragt Tim. „Vielleicht ein Ungeheuer,

das aussieht wie eine _____ !", lacht Lisa.

Beide _____ durch einen _____ im Zelt

nach draußen. „Ach so, nur ein Igel", sagt Tim erleichtert.

Nichts wie weg!

1 Ergänze die Sätze.

Zeh weh Fee Bett

ABCDEFG

Tun denn Hausaufgaben _weh_ ?

HIJKLMNOP

Auf meinem Pudding tanzt 'ne _____.

QuRSTUVW

Haben Flöhe einen _____?

XY und Z

Oh Schreck, ein Elefant in meinem _____!

Schnee!

4 Ein ABC-Gedicht aufschreiben

1 Nummeriere die Gedichtteile nach dem ABC.

☐ QuRSTUVW

Papa-Hase sagt: „Trink viel heißen Tee!

Er ist zu schnell und ruft: „Los, steh!"

1 ABCDEFG

Ein Häschen spielt im kalten Schnee.

Ein Kater fährt durch Schnee.

☐ X, Y und Z

Und leg dich gleich ins warme Bett."

So laut, da wacht er auf und ist im Bett.

☐ HIJKLMNOP

Jetzt niest es und sein Hals tut weh.

Auf einem Schlitten. Doch oh weh!

2 Lies das rote oder das grüne ABC-Gedicht.
Kreuze an, welches dir besser gefällt.

○

○

Heft 2, Seite 30

ABCDEFG – Ein ...

4 Ein ABC-Gedicht erfinden

 Schreibe selbst ein ABC-Gedicht.

A B C D E F G

H I J K L M N O P

Qu R S T U V W

X Y Z

ABCDEFG –
Am Morgen trinke
ich gern Tee.

1 Ergänze das Tier-ABC.

Tier-ABC

A	Affe
B	
C	Chamäleon
D	Dachs
E	
F	
G	Giraffe
H	
I	
J	Jaguar
K	
L	

M

N

O Otter

P

Qu Qualle

R Ratte

S

T

U Uhu

V

W

X

Y Yak

Z

Ein Verben-ABC ergänzen

1 Ergänze das Verben-ABC.

bringen	
lachen	
essen	
zeigen	
wünschen	
sagen	
gehen	
helfen	
nehmen	
denken	
putzen	
turnen	
fliegen	

a	arbeiten	n		
b	bringen	o	ordnen	
c	– – –	p		
d		qu	quatschen	
e		r	rechnen	
f		s		
g		t		
h		u	unterhalten	
i	irren	v	verlieren	
j	jagen	w		
k	kennen	x	– – –	
l		y	– – –	
m	malen	z		

Selbstlaute und Mitlaute kennen lernen

Die Buchstaben, die beim Sprechen alleine klingen,
heißen **Selbstlaute**: a, e, i, o, u.
Die anderen Buchstaben heißen **Mitlaute**.

1 Schreibe alle Wörter auf,
die mit einem Selbstlaut anfangen.

In meinem
Namen gibt es zwei
Selbstlaute.

Uhr	Ofen	lesen

trinken	ohne	Elefant	Indianer

immer	Telefon	Nase	und

kochen	allein	Heft	Vater

besser	ihm	fehlen	Affe

Uhr

der Affe
die Uhr
allein
immer

4 Wörter verwandeln

1 Verwandle den Selbstlaut. Schreibe die Wörter.

Hase

Hose

Gold

Wenn du den Selbstlaut änderst, bekommst du ein neues Wort.

Kegel

Hand

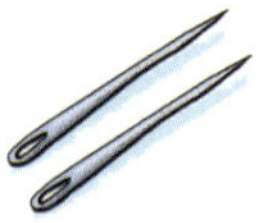

Nadeln

Zange

Burg

Tische

Stirn!

das Geld
die Hand
der Hund
die Zunge

Stern
Sti

1 Schreibe auf, was im rechten Bild fehlt.
Unterstreiche alle Selbstlaute.

Tuch

2 Ergänze die Selbstlaute a, e, i, o, u in den Wörtern.

Piraten

Seht her, Pir a ten sind wir!

Und nun schnell, dein G___ld gib mir!

Wir sind wild ___nd laut,

bei uns wird alles g___klaut.

So s___nd wir Piraten-Leute,

lauern immer auf f___tte Beute.

K___mmt ruhig her, wenn ihr euch traut!

Und es euch vor Pirat___n nicht graut!

Das ABC ergänzen

1 Ergänze die fehlenden Buchstaben.

A B C D ___ F ___

___ I J ___ L ___ N ___ P

Qu ___ ___ T ___ V ___

___ Y Z

2 Unterstreiche in den ABC-Reihen
die beiden vertauschten Buchstaben.

A B C D E G F H I J K L M N O P Qu R S T U V W X Y Z

A B C D E F G H I J L K M N O P Qu R S T U V W X Y Z

A B C D E F G H I J K L M N O P Qu R S T U V W Y X Z

A B C D F E G H I J K L M N O P Qu R S T U V W X Y Z

5. Das ABC üben

1 Unterstreiche die beiden vertauschten Buchstaben.

A B D C E F G H	I J L K M N O P	Qu R T S U V W X

A B C D E G F H	I J K L M O N P	Qu R S T V U W X

E F G H J I K L	M N P O Qu R S	T U V X W Y Z

2 Schreibe den Vorgänger oder den Nachfolger.

5 Nach dem ersten Buchstaben ordnen

1 Schreibe die Namen der Kinder nach dem ABC auf.

Benjamin

David

_____

Ali Lisa Nils

Tim Uli Emil

5 Nach dem zweiten Buchstaben ordnen

1 Ordne die Wörter nach dem Anfangsbuchstaben.

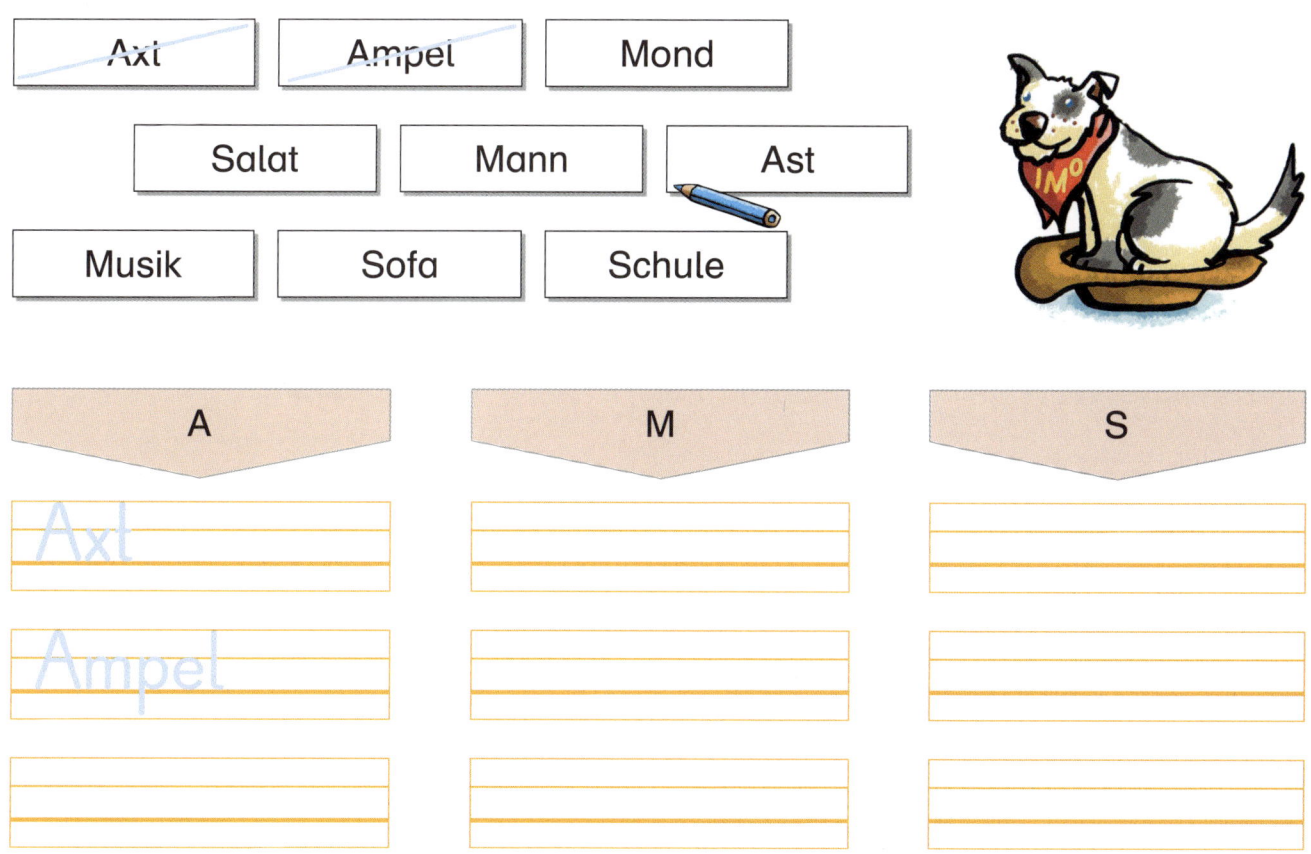

Axt	Ampel	Mond

Salat	Mann	Ast

Musik	Sofa	Schule

A	M	S
Axt		
Ampel		

2 Ordne die Wörter aus **1** nach ihrem zweiten Buchstaben und unterstreiche ihn.

A	M	S
Ampel	M	S
A	M	S
A	M	S

1 Suche die Wörter in der Wörterliste und schreibe sie auf.

Wie heißt

das erste Wort beim Buchstaben B?

backen

das erste Wort beim Buchstaben F?

das zweite Wort beim Buchstaben D?

das dritte Wort beim Buchstaben G?

das letzte Wort beim Buchstaben O?

das **Auto,** die Autos
die **Axt,** die Äxte

B b 🌳

backen

bald

der **Ball,** die Bälle
die **Bank,** die Bänke
der **Bauch,** die Bäuche

Die Wörterliste findest du hinten in diesem Heft.

Wie heißt das erste Wort mit P?

der Daumen
das Fach
der Ort
gehen

1 Suche die Wörter in der Wörterliste und schreibe sie auf.

Welches Wort steht **über** dem Wort?

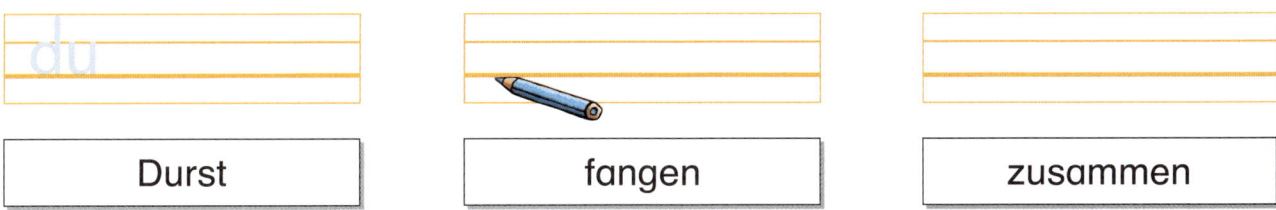

du		
Durst	fangen	zusammen

Welches Wort steht **unter** dem Wort?

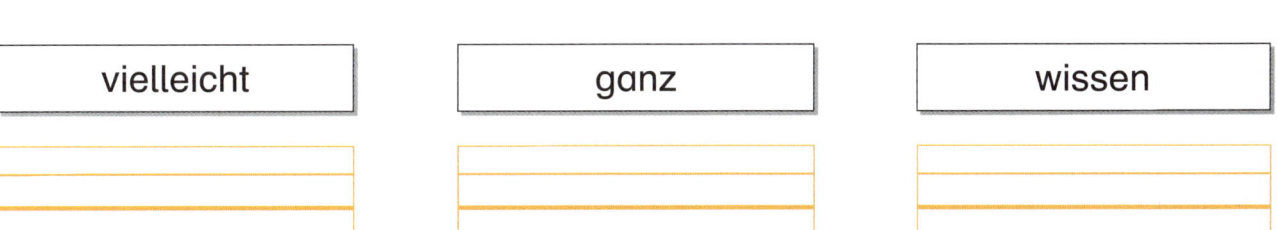

vielleicht	ganz	wissen

2 Suche die Wörter in der Wörterliste und schreibe die Seitenzahl auf.

Auf welcher Seite steht das Wort?

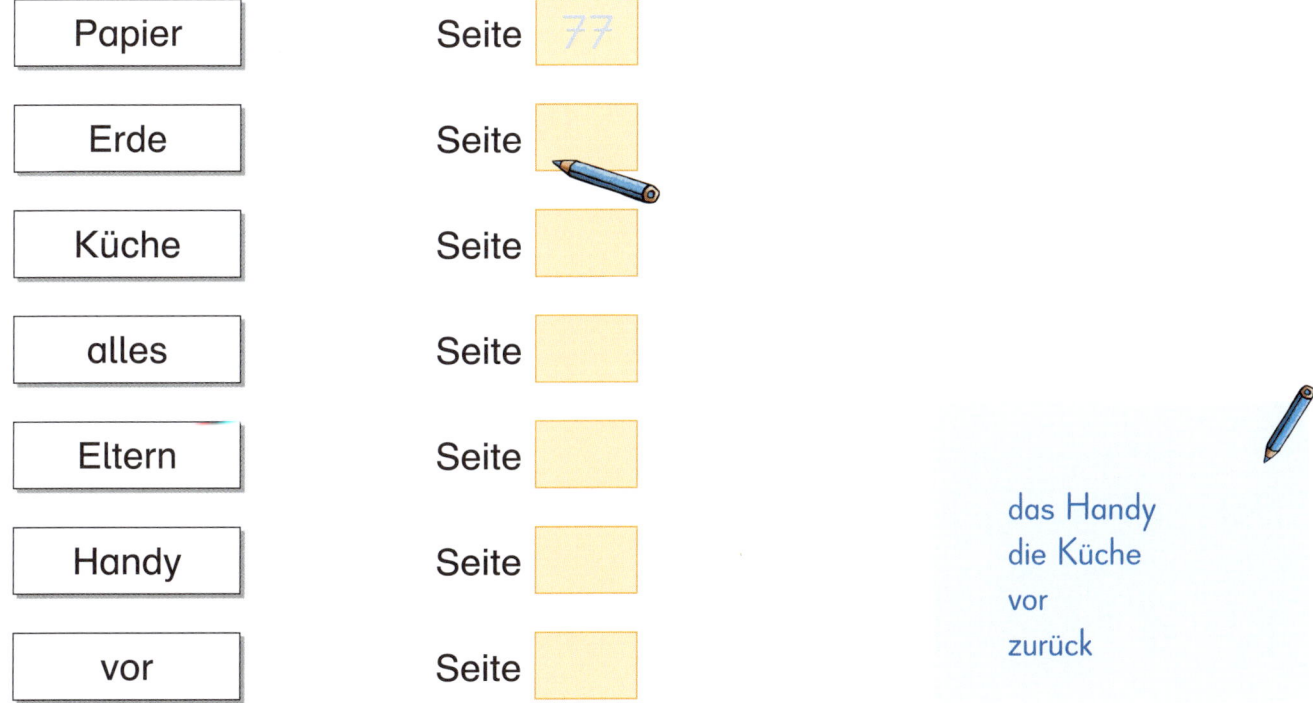

Papier	Seite 77
Erde	Seite
Küche	Seite
alles	Seite
Eltern	Seite
Handy	Seite
vor	Seite

das Handy
die Küche
vor
zurück

5 In der Wörterliste suchen

1 Suche die Wörter in der Wörterliste und schreibe sie auf.
Trage die Seitenzahl ein.

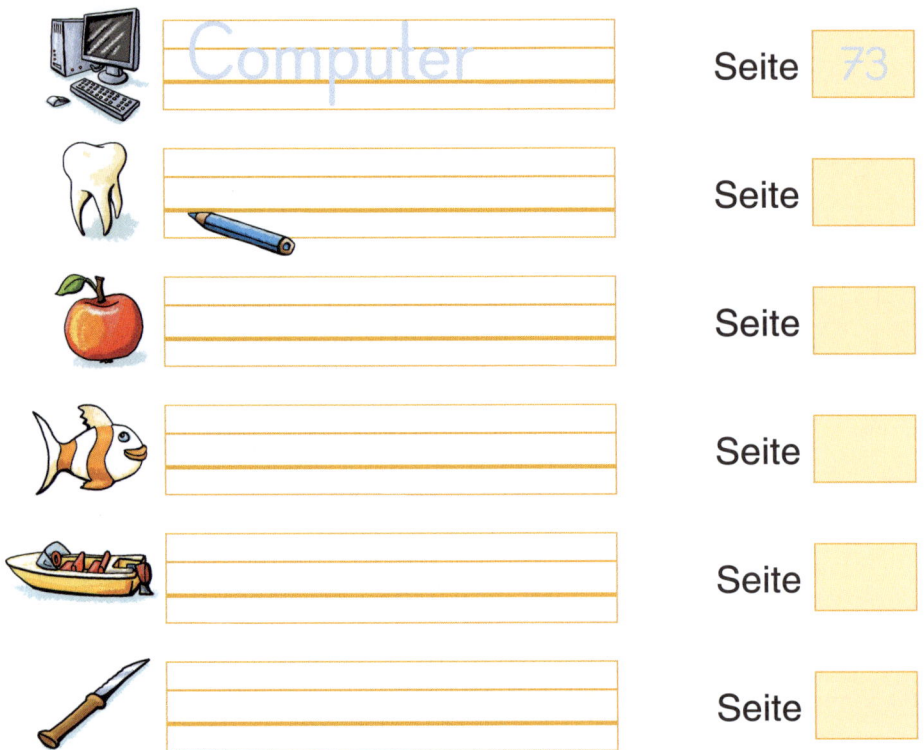

Computer   Seite 73

Seite

Seite

Seite

Seite

Seite

2 Suche die Wörter in der Wörterliste. Ergänze Wörter und Seitenzahlen.

prob ie ren   Seite 77   vie__eicht   Seite

Fa__rad   Seite   mü__en   Seite

z__hen   Seite   Fu__ball   Seite

se__en   Seite   Me__er   Seite

Ki__d   Seite   i__m   Seite

6 Lange und kurze Selbstlaute

1 Setze unter einen kurzen Selbstlaut einen Punkt.
Unterstreiche einen langen Selbstlaut.

Brooooot!

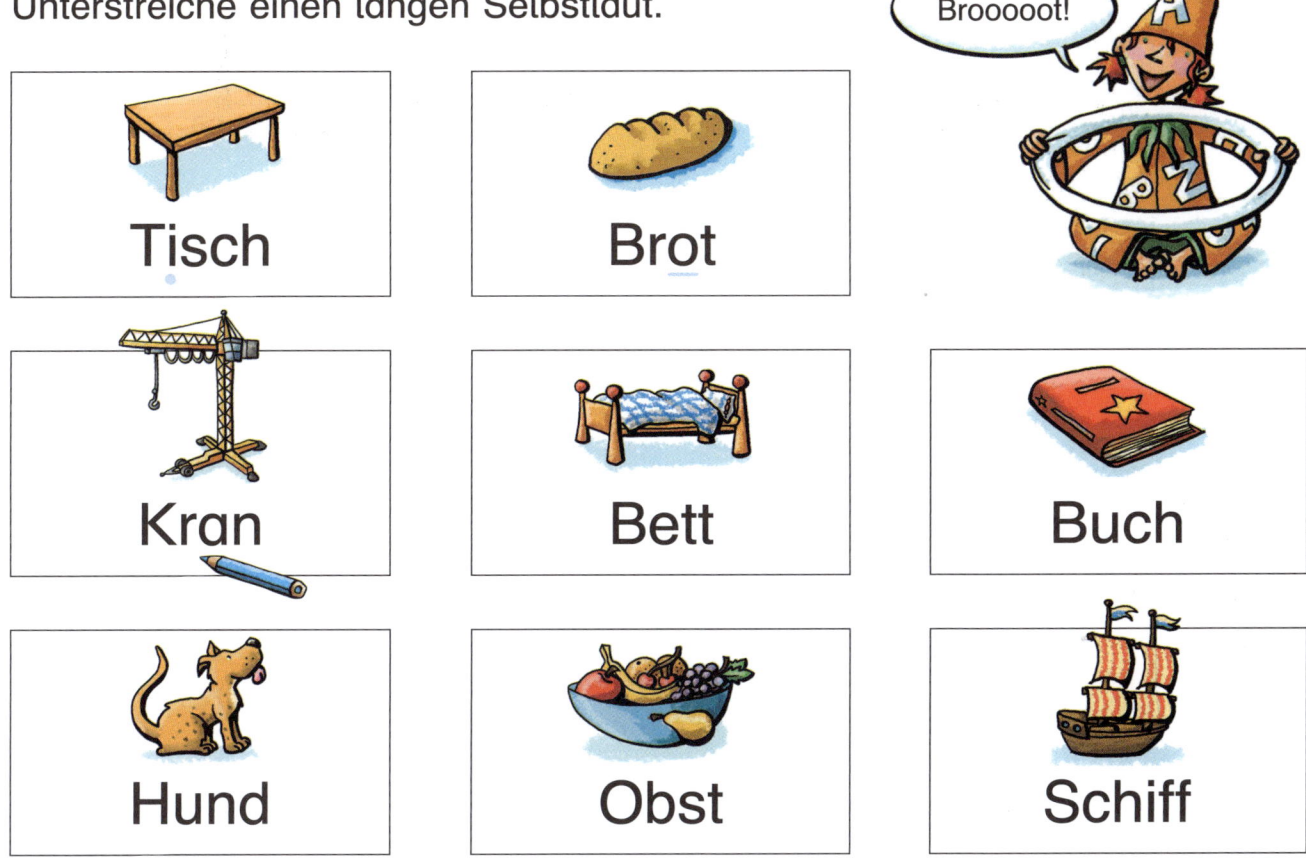

Tisch	Brot
Kran	Bett	Buch
Hund	Obst	Schiff

2 Trage die Wörter passend in die Tabelle ein.

| Saft | Wal | Ofen | nichts | rot | nass |

Wörter mit **kurzem** Selbstlaut	Wörter mit **langem** Selbstlaut
Saft	

6. Wörter mit ie

Ein **lang gesprochenes i** wird fast immer **ie** geschrieben:
Brief, viel.

1 Trenne die Wörter. Schreibe sie auf.

ZielLiebeSiebBriefvielTier

Ziel

2 Setze die passenden ie-Wörter ein.

| ~~Riese~~ | Bienen | vier | sieben |

Ein _Riese_ ist riesengroß und hat riesige Füße.

Zwölf minus acht ist _____ .

_____ machen Honig

und haben einen Stachel.

Schneewittchen wohnt im Haus der

_____ Zwerge.

der Brief
die Liebe
das Tier
viel

1 Rahme alle Wörter mit einem kurzen i ein.

B	I	Z	U	T	E	**B**	L	I	T	Z	K
L	R	I	K	S	E	N	K	J	W	Q	C
L	I	**B**	R	I	L	L	E	F	F	M	N
F	I	N	G	E	R	K	I	S	V	O	E
I	G	E	S	C	H	W	**B**	I	L	D	N
Q	I	C	P	T	M	I	K	E	L	D	E
B	I	B	**M**	I	L	C	H	N	I	S	P
H	G	A	W	I	T	T	O	R	X	I	B
P	**F**	I	S	C	H	P	I	T	R	E	S
P	E	W	I	W	N	E	N	K	I	P	S

2 Schreibe die Wörter von oben auf.

 Blitz

Nur der 1. Buchstabe wird großgeschrieben.

das Bild
die Brille
der Fisch
die Milch

1   Ergänze ie oder i.

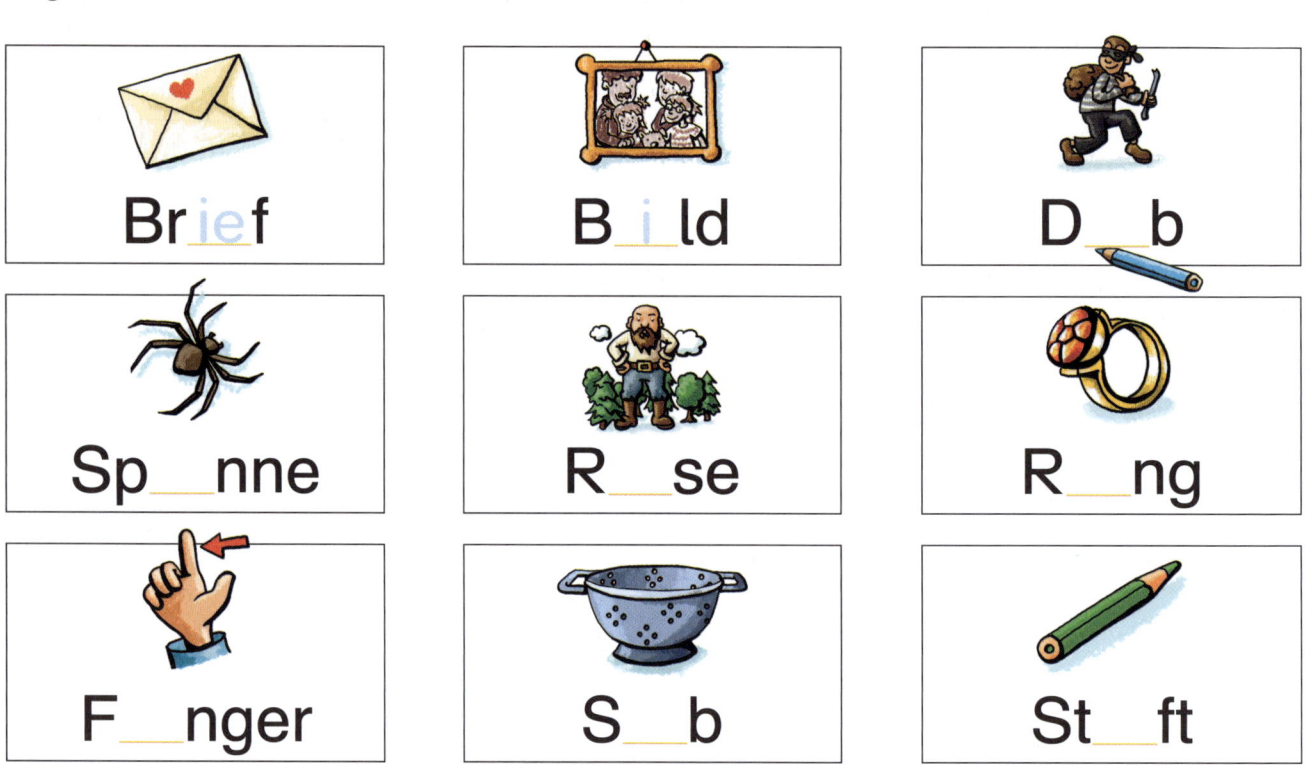

Br**ie**f   B**i**ld   D__b

Sp__nne   R__se   R__ng

F__nger   S__b   St__ft

2   Schreibe das passende Wort zum Bild.
Setze unter ein kurzes i einen Punkt.
Unterstreiche ie.

Brief

Fisch

die Biene
die Spinne
der Stift
sieben

6 Kurzer Selbstlaut und doppelter Mitlaut

Nach einem **kurzen Selbstlaut** stehen **zwei Mitlaute**:
Zimmer, Kissen.

1 Schreibe die passenden Reimwörter.

Zimmer	kann	Betten
Schimmer	M	K

Essen	Kissen	Mutter
m	w	B

2 Setze die passenden Wörter aus **1** in die Lücken ein.
Wie endet die Geschichte? Kreuze an.

Lisa und Tim toben auf den ___Betten___ und werfen mit

_____ . Die Mutter ruft beide zum Essen. Doch sie kommen

nicht. Die _____ betritt das _____ und sagt:

⚪ „Kann ich mitmachen?"

⚪ „Wie spät ist es?"

⚪ „Wenn ihr nicht kommt, esse ich alles allein."

die Betten
die Mutter
messen
wissen

6 Wörter mit ck

1 Verbinde die passenden Silben und schreibe die Wörter.
Kennzeichne den kurzen Selbstlaut.

ba	ckig
Ho	cken
dre	cker
So	cke

backen

_____

_____

_____

2 Setze die passenden Wörter in die Lücken ein.

| frühstücken | lecker | Bäcker | Schnecke | meckert | Zucker |

Marie und Mama ___frühstücken___ zusammen.

Mama hat Schnecken vom _____ mitgebracht.

Marie stopft eine halbe _____ auf einmal in den Mund.

Mama _____ : „Oh, dein Gesicht ist

voll _____ !" „Aber die schmecken

so schrecklich _____ !", sagt Marie

und grinst Mama an.

der Zucker
backen
frühstücken
dreckig

So schreibe ich ein Schleichdiktat:

1. Ich lege den Text an eine Stelle und merke mir einen Satz.
2. Ich gehe an meinen Platz zurück und schreibe den Satz auf.
3. Ich schreibe alle Sätze genauso auf.
4. Ich hole den Text und kontrolliere.
5. Ich verbessere die Fehler.

1 Unterstreiche tz in den Wörtern. Übe dann den Text als Schleichdiktat.

Toms Katze ist noch klein.

Aber ihre Tatzen haben schon scharfe Krallen.

Damit kann sie ganz schön kratzen.

Manchmal kämpft sie mit Toms Mütze.

Das sieht witzig aus. Ihr Lieblingsplatz ist Toms Bett.

Nachts kitzelt sie ihn mit ihren Schnurrhaaren.

2 Schreibe das passende Reimwort auf.

Blitz	Schatz	hetzen
Witz	S	p

der Blitz
der Satz
der Witz
setzen

6. Wörter mit doppeltem Mitlaut trennen

Wörter mit einem **doppelten Mitlaut** trennt man so:
Schlit-ten, sol-len, las-sen.

1 Schreibe die Wörter in Silben auf.

können	kennen	Klasse
kön nen		

Teller	wissen	wollen

Schlitten	Waffel	lassen

sollen	Tasse	müssen

Kette	Zimmer	

die Klasse
das Zimmer
müssen
wollen

1 Ergänze Wörter und Seitenzahlen mit Hilfe der Wörterliste.

Mü_tz_e   Seite [76]   Ja__e   Seite [ ]

Glo__e   Seite [ ]   Ka__e   Seite [ ]

Ha__er   Seite [ ]   So__e   Seite [ ]

Bri__e   Seite [ ]   la__en   Seite [ ]

Mi__woch   Seite [ ]   Schne__e   Seite [ ]

2 Schreibe das passende Wort mit Artikel.

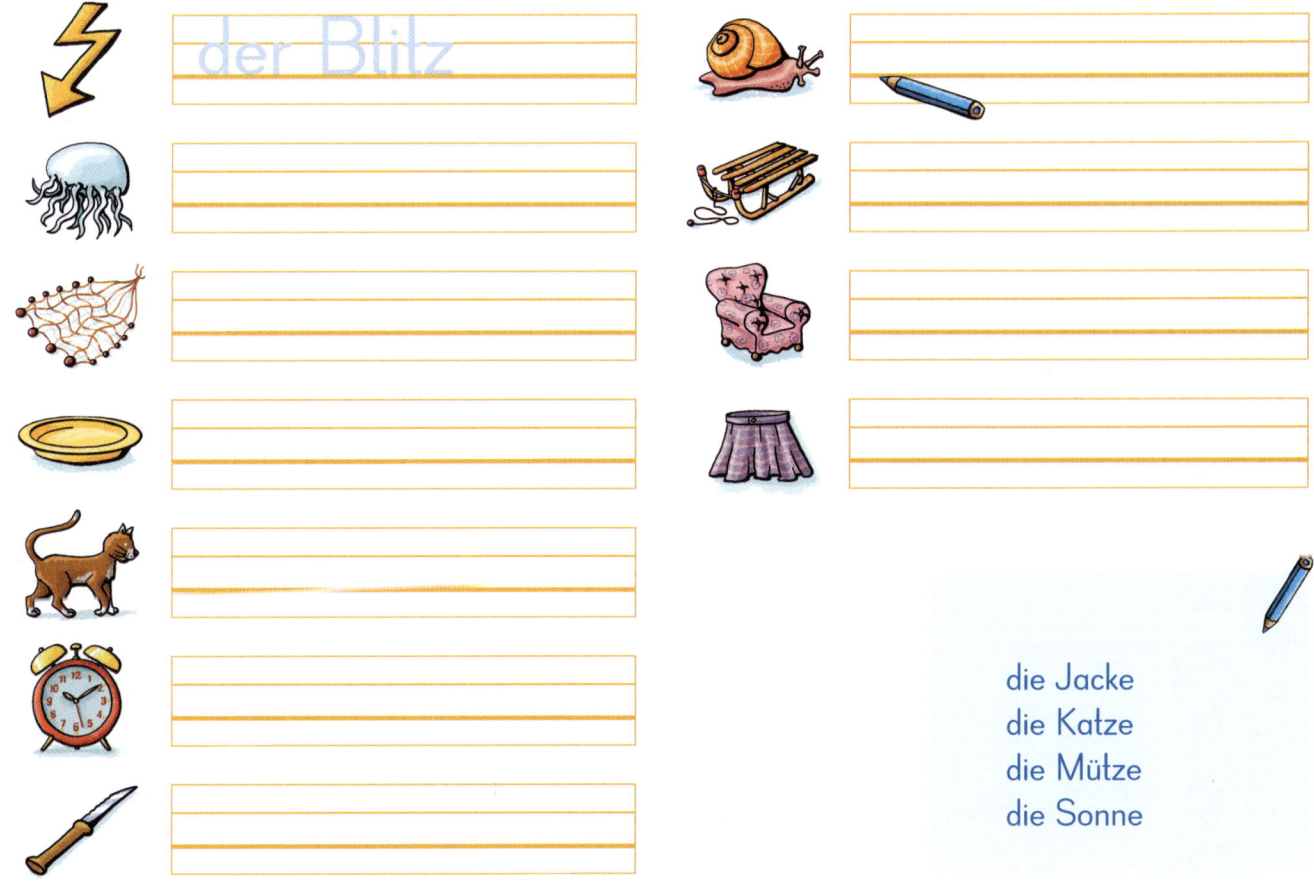

der Blitz

die Jacke
die Katze
die Mütze
die Sonne

> Aus den Selbstlauten a, o und u in der Einzahl können in der Mehrzahl
> oder in der Verkleinerungsform ä, ö und ü werden.
> Man nennt **ä**, **ö** und **ü** auch **Umlaute**:
> Ball – Bälle, Buch – Bücher, Kopf – Köpfchen.

1 Schreibe die Mehrzahl. Unterstreiche ä, ö und ü.

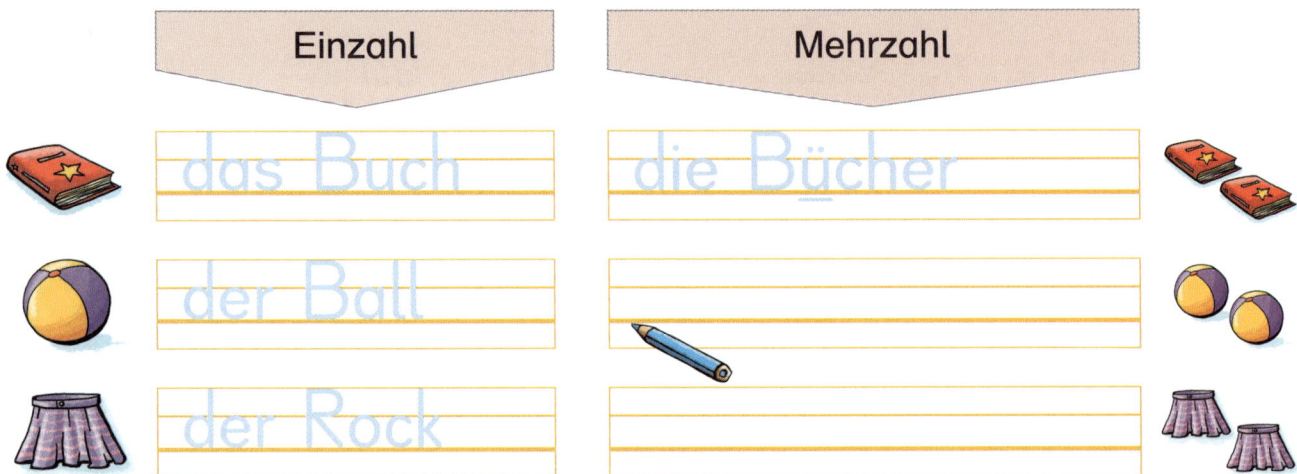

Einzahl	Mehrzahl
das Buch	die Bücher
der Ball	
der Rock	

2 Verkleinere mit -chen. Unterstreiche ä, ö und ü.

groß	klein
der Zahn	das Zähnchen
der Hund	
der Kopf	
der Vogel	

7. Nomen mit ä ableiten

Ableiten

Ich schreibe ein Wort mit ä oder äu,
wenn ich es aus einem Wort mit a oder au ableiten kann:
Hände – Hand, Mäuse – Maus.

1 Ergänze die Selbstlaute und die Umlaute.

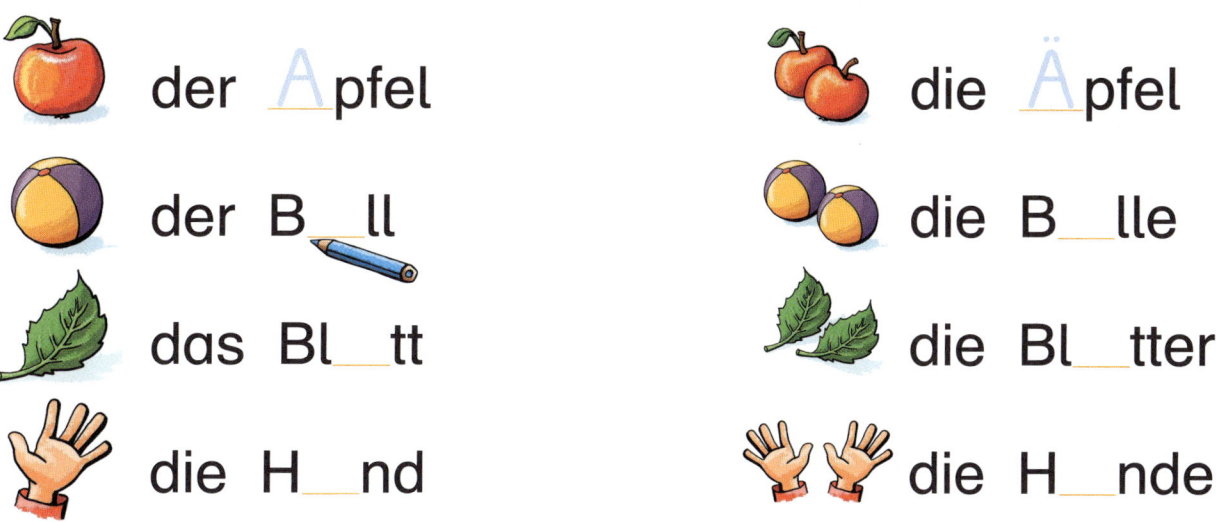

der Apfel   die Äpfel

der B__ll   die B__lle

das Bl__tt   die Bl__tter

die H__nd   die H__nde

2 Ergänze die Selbstlaute und die Umlaute.

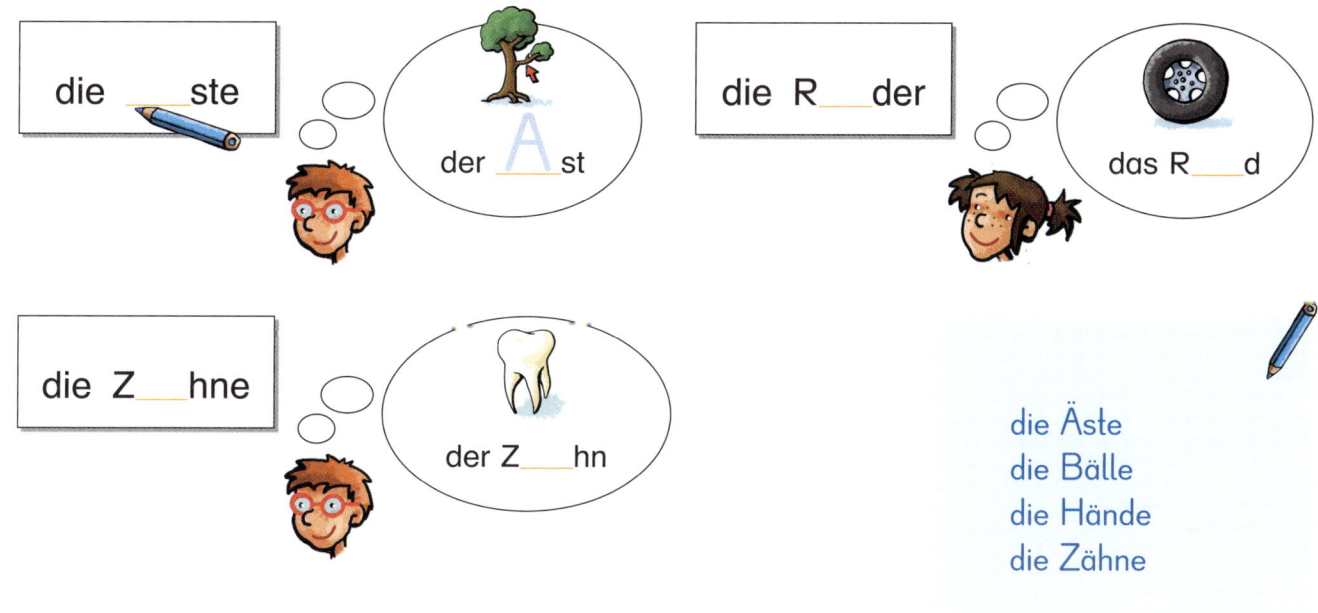

die ___ste   der A__st

die R__der   das R__d

die Z__hne   der Z__hn

die Äste
die Bälle
die Hände
die Zähne

1 Kreuze an, was du im Bild siehst.
Schreibe zu jedem Wort das passende Mehrzahlwort.

Schreibe in der Mehrzahl äu, wenn in der Einzahl au steht.

⊗ Mauer   Mauern

○ Baum

○ Schlauch

○ Maus

○ Haus

○ Zaun

2 Schreibe das passende Mehrzahlwort.

Eine Maus krabbelt durch den Zaun.

Zwei   Mäuse   krabbeln durch zwei _____ .

Ein Kater klettert auf den Baum.

Zwei Kater klettern auf zwei _____ .

die Bäume
die Häuser
die Schläuche
die Zäune

1 Schreibe die passende Verbform mit er, sie oder es.
Unterstreiche ä und äu.

schlafen	laufen	tragen
er schläft	sie läuft	es

halten	backen	braten
sie	es	er

2 Schreibe die passende Verbform mit -en.

verschlafen		
es verschläft	er fängt	es verläuft

er gräbt	sie schlägt	er wäscht

7 Nomen mit d verlängern

Verlängern

Manchmal hören sich **d** und **t** am Wortende gleich an.

Auch **g** und **k** hören sich manchmal am Ende des Wortes gleich an.

Wenn ich sie verlängere, höre ich, welchen Buchstaben ich

schreiben muss: Hund – Hunde, Berg – Berge, Ring – Ringe.

1 Verlängere die Wörter.

 das Kind    die *Kinder*

 das Brot    die _____

 das Rad    die _____

 das Kleid    die _____

2 Verlängere im Kopf. Ergänze die Einzahl.

die Han__d   die Hände   das Pfer____   die Pferde

der Stif____   die Stifte

das Brot
das Kind
das Pferd
das Rad

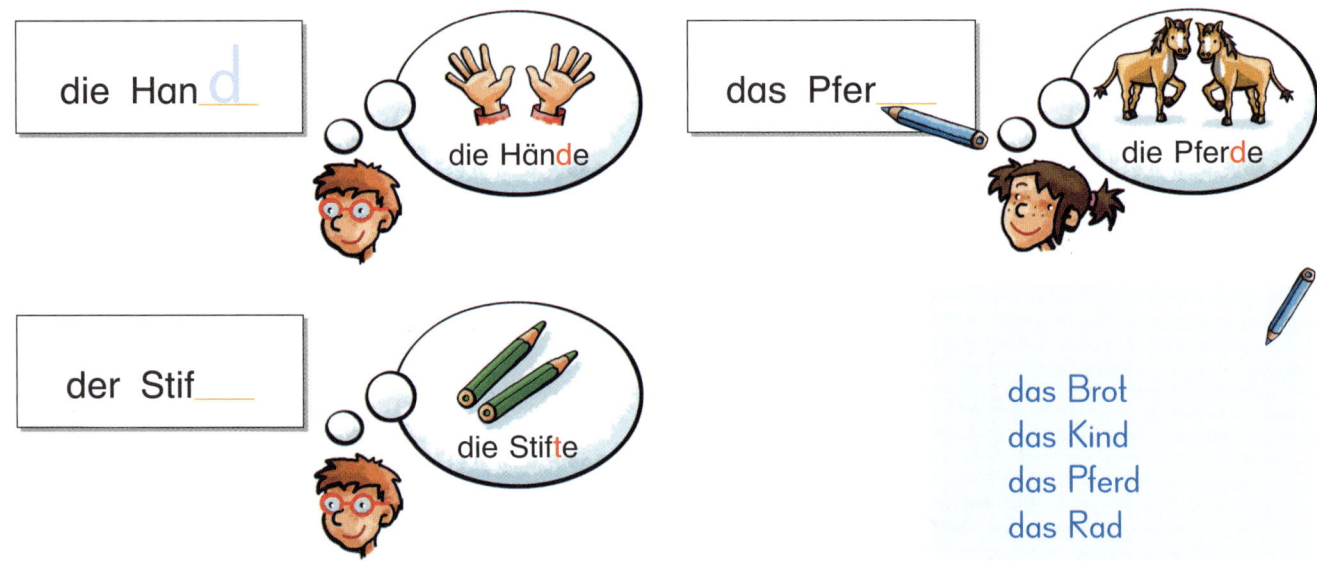

7 Nomen mit g verlängern

1 Ergänze den Buchstaben am Wortende.
Bilde dazu im Kopf das Mehrzahlwort.

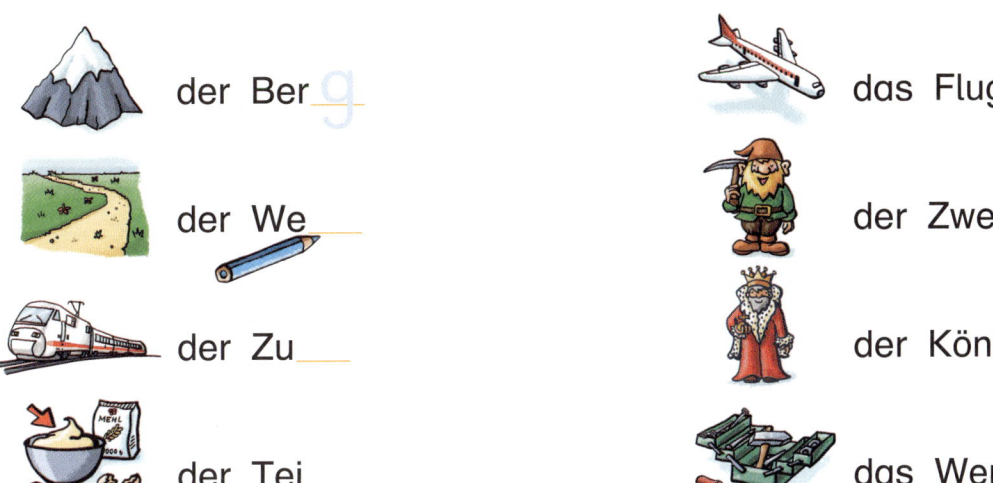

der Ber g

der We___

der Zu___

der Tei___

das Flugzeu___

der Zwer___

der Köni___

das Werkzeu___

2 Löse die Rätsel mit Hilfe der Wörter aus **1**.

Er trägt eine Krone:

der König

Du kannst damit fliegen:

Man läuft darauf:

Man kann damit Dinge reparieren:

Man kann damit verreisen, aber es ist kein Flugzeug:

Du kannst daraus Pizza oder Kuchen machen:

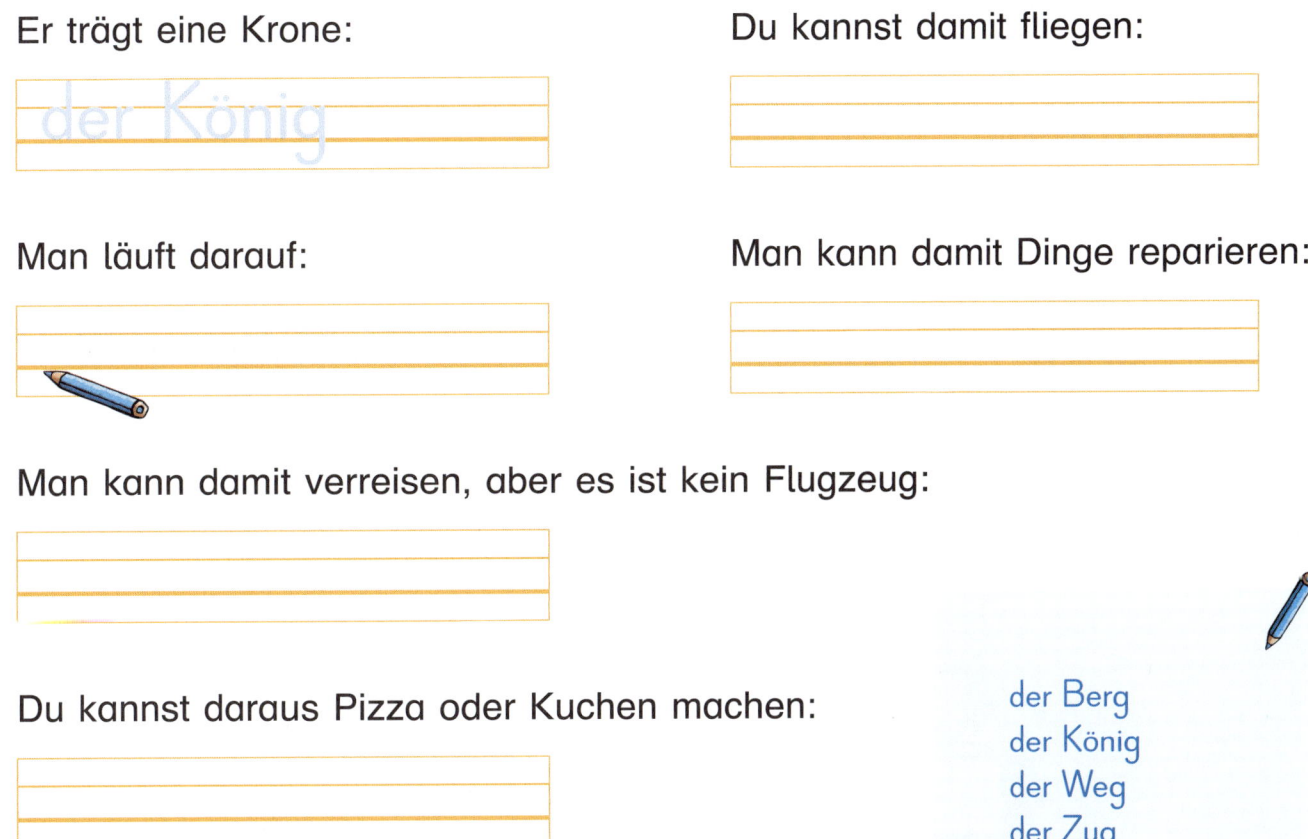

der Berg
der König
der Weg
der Zug

1 Verbinde mit ng oder nk.

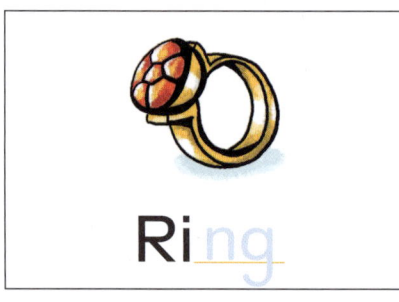

Ri_ng_

Ri__e

ng

Zeitu____

Bä___e

Ba___

nk

Zeitu___en

Gesche___

Gesche___e

Rink oder Ring?

die Bank
das Geschenk
der Ring
die Zeitung

> Wörter mit dem gleichen Wortstamm bilden eine **Wortfamilie**.
> Der Wortstamm hilft, Wörter einer Wortfamilie richtig zu schreiben:
> Spielzeug, Spieler, spielen.

1 Unterstreiche die Wörter mit gleichem Wortstamm mit derselben Farbe.

anfreunden	freundlich	Freundin
Freund	spielerisch · Spieler	befreundet
verspielt	Spielzeug	spielen

2 Trage die Wörter von oben unter den passenden Wortstamm ein.

spiel	freund
verspielt	Freund

der Freund
das Spielzeug
freundlich
verspielt

So schreibe ich ein Partnerdiktat:

1. Ich diktiere einem anderen Kind langsam und deutlich jedes Wort.
2. Danach kontrollieren wir gemeinsam.
3. Zum Schluss tauschen wir die Rollen.

1 Unterstreiche die Wörter mit schul und feier
in der passenden Farbe.

Heute hat Tim ein Schulfest. Die Schule feiert ihren Geburtstag.

Auf dem Schulhof stehen viele Stände. Tims Klasse macht Waffeln für

die Feier. Auch die Eltern feiern mit und helfen beim Backen.

2 Schreibe die Wörter aus **1** unter den passenden Wortstamm.

schul	feier
Schulfest	feiert

die Feier
das Schulfest
der Schulhof
feiern

die Feier,
das Schulfest
…

8 Wortfamilien ergänzen

❶ Unterstreiche alle Wörter mit gleichem Wortstamm in derselben Farbe.

fahren	Zahl	zähmen
zählen	zähmbar	fährt
zahm	Fähre	Zähler
Fahrer	verzählt	gezähmt

Der Wortstamm kann sich ändern.

❷ Schreibe die Wörter aus **❶** unter den passenden Wortstamm.

fahr/fähr	zahl/zähl	zahm/zähm
fahren	zählen	zahm

8 Wortstämme zuordnen

1 Verbinde mit dem passenden Wortstamm.

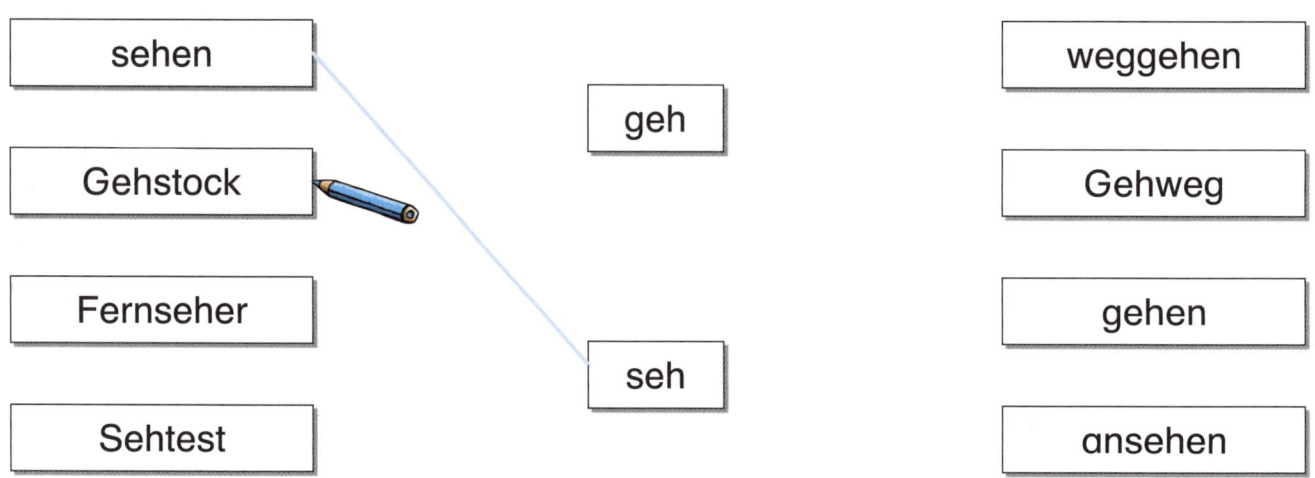

sehen		weggehen
Gehstock	geh	Gehweg
Fernseher	seh	gehen
Sehtest		ansehen

2 Schreibe selbst passende Wörter zum Wortstamm.

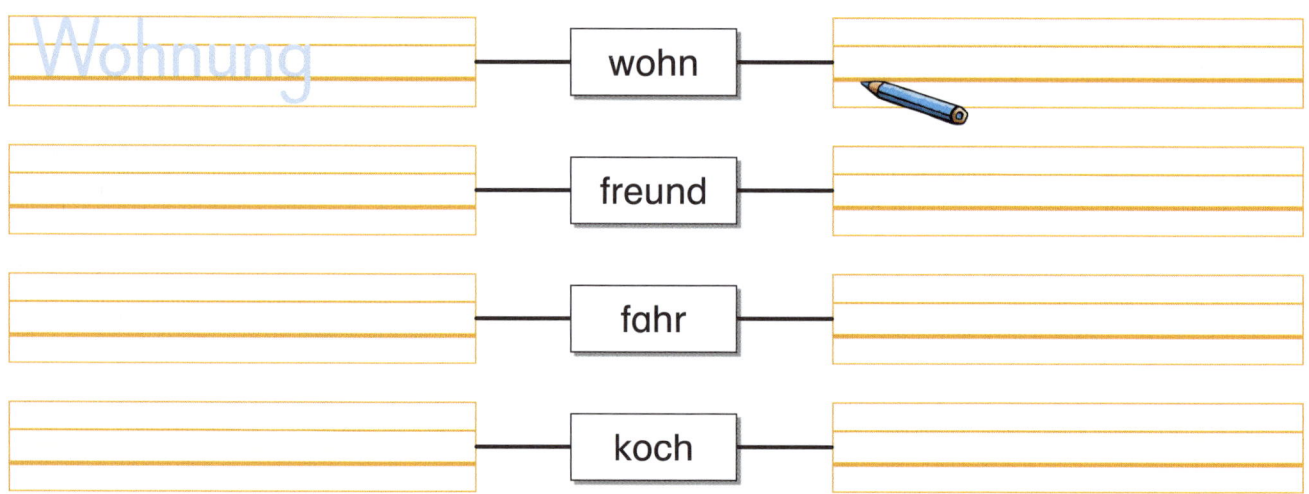

Wohnung — wohn —

— freund —

— fahr —

— koch —

schlafen – Schlaf – Schlafmütze

der Fernseher
der Gehweg
die Wohnung
sehen

8 Veränderte Wortstämme zuordnen

1 Verbinde die Wörter aus derselben Wortfamilie.

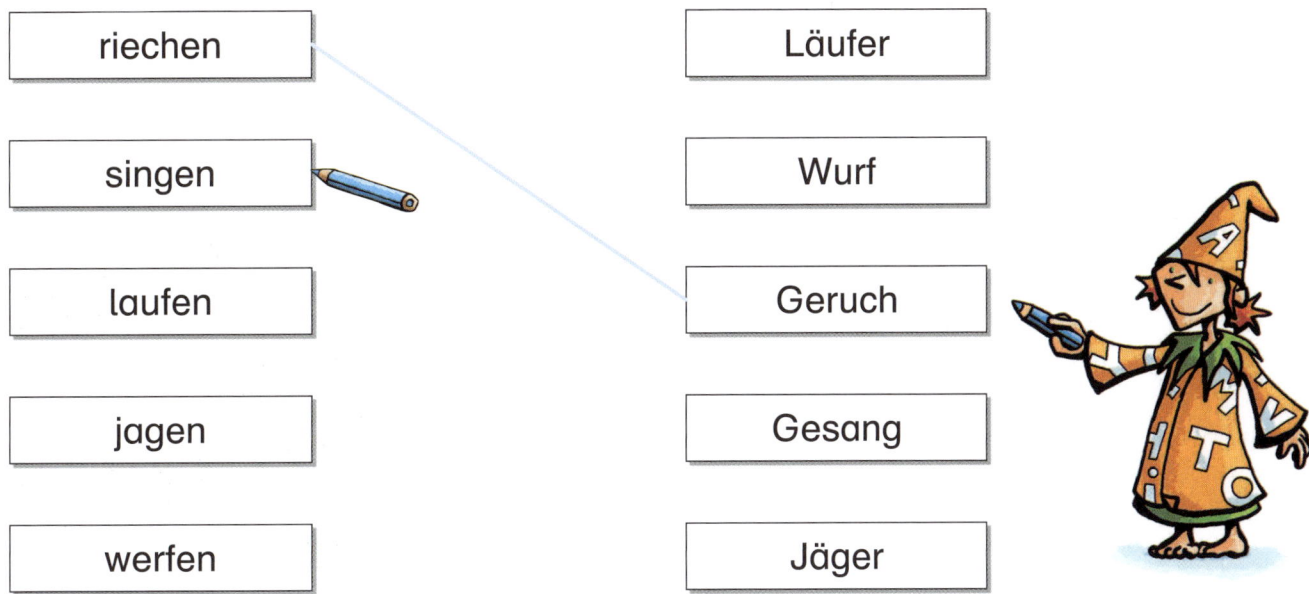

riechen	Läufer
singen	Wurf
laufen	Geruch
jagen	Gesang
werfen	Jäger

2 Schreibe selbst ein Wort mit verändertem Wortstamm zur Wortfamilie.

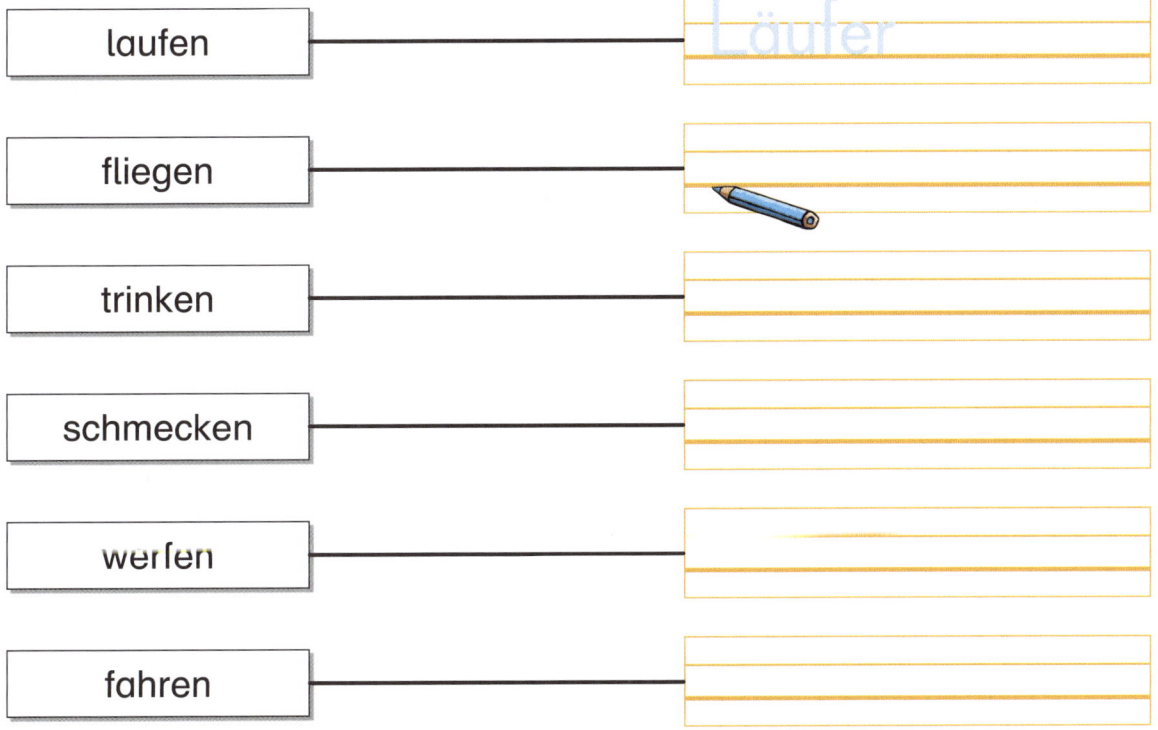

laufen	Läufer
fliegen	
trinken	
schmecken	
werfen	
fahren	

8 Veränderte Wortstämme erkennen

1 Unterstreiche alle Wörter mit den Wortstämmen **flug**/**flieg**.

Sujin und Papa holen Mama vom <u>Flughafen</u> ab.

Von dort aus kann man in viele Länder der Erde <u>fliegen</u>.

Der Flughafen ist riesig und es geht dort sehr

hektisch zu. Viele Menschen eilen zu ihren Fliegern

und viele warten mit ihren Koffern am Flugschalter.

Bevor sie ins Flugzeug steigen, werden sie

und ihre Koffer kontrolliert.

Papa und Sujin beobachten, was auf der Flugbahn passiert.

Sie sehen zu, wie die Flugzeuge landen und abfliegen.

Papa zeigt auf einen Bus: „Sieh mal, die Fluggäste werden

mit dem Bus zum Flieger gefahren. Sie dürfen nicht über die Landebahn

laufen, das wäre zu gefährlich."

2 Ergänze die Sätze mit dem Wortstamm **flug**/**flieg**.

Sujin und Papa holen Mama vom ___Flug___ hafen ab.

Viele Menschen eilen zu ihren _____ ern.

Sujin und Papa sehen zu, wie die

_____ zeuge landen und abfliegen.

Heft 2, Seite 66

Sujin und Papa …

9 Wörter mit doppeltem Selbstlaut

Merkwörter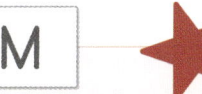

Manchmal gibt es keine Regeln,
um Wörter richtig zu schreiben.
Diese Wörter muss ich mir merken.

1 Ergänze die Sätze.

Zoo	Tee	Meer

leer	Haare	Schnee

Wenn man erkältet ist, soll man viel _Tee_ trinken.

Menschen haben kein Fell, sondern _____.

Dein Magen knurrt, wenn er _____ ist.

Die meisten Wale leben im _____.

Wasser kann zu Eis und zu _____ werden.

Im _____ gibt es viele Tiere

aus fernen Ländern.

die Haare
der Schnee
der Zoo
leer

9 Wörter mit ß schreiben

1 Suche die Wörter in der Wörterliste und schreibe sie auf.
Trage die Seitenzahl ein.

heiß   Seite   75

F   Seite

S   Seite

S   Seite

F   Seite

w   Seite

g   Seite

G   Seite

Wo steht denn Fuß?

Da, unter fünf.

der Fuß
die Straße
grüßen
weiß

9 Wörter mit ß einsetzen

1 Ergänze die Sätze.

| Fußball | Spaß | heiß | schießt | gießt | barfuß |

Tim und Lisa spielen ___Fußball___ . Lisa _____

ein Tor nach dem anderen. Tim hat schließlich keine Lust mehr.

„Das Spiel macht mir keinen _____ und außerdem

ist es einfach zu heiß!", meckert er.

Auch dem Großvater ist es zu _____ . Er trägt ein weißes Hemd

und sitzt _____ unter einem großen Sonnenschirm.

Lisa hat eine Idee: Sie nimmt die Gießkanne und füllt sie

mit kaltem Wasser. Dann schleicht sie sich an Opa heran und

_____ ihm das Wasser über die Füße.

2 Ergänze die Sätze mit den Wörtern aus **1**.

Lisa _____ viele Tore.

Tim und Großvater ist es zu _____ .

Lisa _____ kaltes Wasser über Großvaters Füße.

9 Wochentage

1 Schreibe die Wochentage der Reihe nach auf.

| Montag | Mittwoch | Freitag | Samstag |

| Dienstag | Sonntag | Donnerstag |

1. Montag

2.

3.

4.

5.

6.

7.

2 Löse die Rätselsätze.

Wie heißt der dritte Wochentag?

Er heißt _Mittwoch_.

An welchem Tag müsste man eigentlich freihaben?

Am _____.

An welchen Wochentagen ist Wochenende?

Am _____ und am _____.

An welchem Tag müsste es eigentlich blitzen und donnern?

Am _____.

9 Monatsnamen und Jahreszeiten

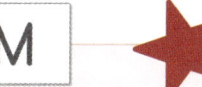

1 Ergänze die Monate in der richtigen Reihenfolge.

Januar	April	März	Februar

November	Mai	Juli	Dezember

1. Monat *Januar*

2. Monat _____

3. Monat _____

4. Monat _____

5. Monat _____

6. Monat *Juni*

7. Monat _____

8. Monat *August*

9. Monat *September*

10. Monat *Oktober*

11. Monat _____

12. Monat _____

2 Ergänze die passende Jahreszeit.

Im *Frühling* werden viele Tierjungen im Zoo geboren.

Im _____ kann ich meine Freunde im Schwimmbad treffen.

Im _____ , wenn es schneit, fahren wir Schlitten.

Und im _____ lasse ich Drachen steigen.

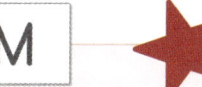

1 Schreibe die passende Zahl.

drei	vierzig	zehn	achtzig	sechzig

dreißig	sechs	zwanzig	vier	fünf

1	eins	2	zwei	3	drei
4		5		6	
7	sieben	8	acht	9	neun
10		20		30	
40		50	fünfzig	60	
70	siebzig	80		90	neunzig
		100	hundert		

Wörterliste

A a

aber

acht

der **Affe,** die Affen

allein

alles

die **Angel,** die Angeln

der **Apfel,** die Äpfel

der **April**

arbeiten

der **Ast,** die Äste

das **Auge,** die Augen

der **August**

das **Auto,** die Autos

die **Axt,** die Äxte

B b

backen

bald

der **Ball,** die Bälle

die **Bank,** die Bänke

der **Bauch,** die Bäuche

der **Baum,** die Bäume

das **Bein,** die Beine

der **Berg,** die Berge

besser

das **Bett,** die Betten

die **Biene,** die Bienen

das **Bild,** die Bilder

das **Blatt,** die Blätter

der **Blitz,** die Blitze

die **Blume,** die Blumen

das **Boot,** die Boote

braten

der **Brief,** die Briefe

die **Brille,** die Brillen

bringen

das **Brot,** die Brote

das **Buch,** die Bücher

C c

der **Cent,** die Cents

der **Computer,** die Computer

D d

dabei

der **Daumen,** die Daumen

denken

der **Dezember**

der **Dieb,** die Diebe

der **Dienstag**

der **Donnerstag**

die **Dose,** die Dosen

dreckig

drei

du

der **Durst**

E e

der **Eimer,** die Eimer

eins

der **Elefant,** die Elefanten

die **Eltern**

endlich

die **Erde**

essen

F f

das **Fach,** die Fächer

fahren

das **Fahrrad,** die Fahrräder

die **Familie,** die Familien

fangen

fassen

der **Februar**

die **Feder,** die Federn

die **Feier,** die Feiern

feiern

der **Fernseher,** die Fernseher

der **Finger,** die Finger

der **Fisch,** die Fische

die **Flasche,** die Flaschen

fliegen

das **Flugzeug,** die Flugzeuge

fragen

der **Freitag**

freuen

der **Freund,** die Freunde

freundlich

frühstücken

fünf

der **Fuß,** die Füße

der **Fußball,** die Fußbälle

G g

ganz

geben

gehen

der **Gehweg,** die Gehwege

das **Geld**

das **Geschenk,** die Geschenke

das **Gesicht,** die Gesichter

die **Glocke,** die Glocken

die **Großeltern**

grüßen

H h

das **Haar,** die Haare

der **Hammer,** die Hämmer

die **Hand,** die Hände

das **Handy,** die Handys

der **Hase,** die Hasen

das **Haus,** die Häuser

das **Heft,** die Hefte

    heiß

    helfen

    heute

die **Hexe,** die Hexen

die **Hose,** die Hosen

der **Hund,** die Hunde

    hundert

    hüpfen

I i

der **Igel,** die Igel

    ihm

    immer

J j

die **Jacke,** die Jacken

der **Januar**

der **Juli**

der **Junge,** die Jungen

der **Juni**

K k

    kämpfen

die **Katze,** die Katzen

    kaufen

    kennen

das **Kind,** die Kinder

das **Kino,** die Kinos

das **Kissen,** die Kissen

die **Klasse,** die Klassen

das **Kleid,** die Kleider

    klein

    klopfen

    kochen

der **König,** die Könige

    können

der **Kopf,** die Köpfe

das **Krokodil,** die Krokodile

die **Küche,** die Küchen

der **Kuchen,** die Kuchen

L l

    lachen

das **Land,** die Länder

langsam

lassen

laufen

leer

leicht

die **Leiter,** die Leitern

lesen

das **Lexikon,** die Lexika

das **Licht,** die Lichter

die **Liebe**

M m

machen

das **Mädchen,** die Mädchen

der **Mai**

malen

der **Mann,** die Männer

der **Mantel,** die Mäntel

der **März**

die **Mauer,** die Mauern

die **Maus,** die Mäuse

das **Meer,** die Meere

messen

das **Messer,** die Messer

mich

die **Milch**

der **Mittwoch**

der **Mond,** die Monde

der **Montag**

der **Mund,** die Münder

die **Muschel,** die Muscheln

die **Musik**

müssen

die **Mutter,** die Mütter

die **Mütze,** die Mützen

N n

der **Nagel,** die Nägel

die **Nase,** die Nasen

nass

nehmen

das **Netz,** die Netze

neu

neun

nichts

der **November**

O o

ohne

das **Ohr,** die Ohren

der **Oktober**

der **Ort,** die Orte

P p

das **Papier,** die Papiere
die **Pfeife,** die Pfeifen
das **Pferd,** die Pferde
der **Preis,** die Preise
probieren

Qu qu

die **Qualle,** die Quallen
der **Quark**
quatschen
quietschen

R r

das **Rad,** die Räder
raten
der **Rauch**
rechnen
das **Regal,** die Regale
der **Regen**
riechen
der **Ricse,** die Riesen
der **Ring,** die Ringe
rot
die **Rutsche,** die Rutschen

S s

die **Sache,** die Sachen
sagen
der **Samstag**
der **Sand**
der **Satz,** die Sätze
sauber
der **Schal,** die Schals
schalten
die **Schere,** die Scheren
schlafen
der **Schlauch,** die Schläuche
der **Schlitten,** die Schlitten
die **Schnecke,** die Schnecken
der **Schnee**
der **Schuh,** die Schuhe
die **Schule,** die Schulen
das **Schulfest,** die Schulfeste
der **Schulhof,** die Schulhöfe
die **Schultasche,** die Schultaschen
der **Schwamm,** die Schwämme
sechs
sehen
die **Selfe,** die Seifen
die **Seite,** die Seiten
der **September**
setzen
das **Sieb,** die Siebe

sieben

singen

der **Sitz,** die Sitze

sollen

der **Sommer,** die Sommer

die **Sonne,** die Sonnen

der **Sonntag**

der **Spaß,** die Späße

das **Spiel,** die Spiele

spielen

das **Spielzeug,** die Spielzeuge

die **Spinne,** die Spinnen

springen

stecken

stehen

der **Stein,** die Steine

der **Stift,** die Stifte

still

stoßen

der **Strand,** die Strände

die **Straße,** die Straßen

der **Strauß,** die Sträuße

streiten

der **Stuhl,** die Stühle

der **Sturm,** die Stürme

T t

die **Tafel,** die Tafeln

die **Tasche,** die Taschen

das **Taxi,** die Taxis

der **Tee,** die Tees

das **Telefon,** die Telefone

teuer

der **Text,** die Texte

das **Tier,** die Tiere

der **Tisch,** die Tische

tragen

trinken

turnen

U u

die **Uhr,** die Uhren

und

unten

V v

die **Vase,** die Vasen

der **Vater,** die Väter

verlieben

verlieren

verspielt

verstehen

viel

vielleicht

vier

der **Vogel,** die Vögel

voll

von

vor

W w

der **Wal,** die Wale

waschen

der **Weg,** die Wege

weiß

die **Welt,** die Welten

werfen

winken

wissen

der **Witz,** die Witze

die **Woche,** die Wochen

die **Wohnung,** die Wohnungen

wollen

wünschen

Z z

die **Zahl,** die Zahlen

zählen

der **Zahn,** die Zähne

der **Zaun,** die Zäune

zehn

zeigen

die **Zeit,** die Zeiten

die **Zeitung,** die Zeitungen

das **Zelt,** die Zelte

das **Zeugnis,** die Zeugnisse

ziehen

das **Zimmer,** die Zimmer

der **Zoo,** die Zoos

der **Zucker**

der **Zug,** die Züge

die **Zunge,** die Zungen

zurück

zusammen

zwei

Arbeitsheft 2
Richtig schreiben

Herausgegeben von:	Roland Bauer, Jutta Maurach
Erarbeitet von:	Katrin Baudendistel, Daniela Dreier, Alexandra Schwaighofer
Redaktion:	Marianne Marckwardt
Illustration:	Yo Rühmer
Umschlaggestaltung:	Sandra Knopke
Layout und technische Umsetzung:	Katrin Tengler

www.cornelsen.de

1. Auflage, 18. Druck 2019

Alle Drucke dieser Auflage sind inhaltlich unverändert
und können im Unterricht nebeneinander verwendet werden.

© 2009 Cornelsen Verlag, Berlin
© 2017 Cornelsen Verlag GmbH, Berlin

ISBN 978-3-06-082235-5

Dieses Heft ist Bestandteil der Lernbox „Einsterns Schwester 2" (ISBN 978-3-06-082222-5) und kann auch einzeln bestellt werden.

 Inhalt gedruckt auf säurefreiem Papier aus nachhaltiger Forstwirtschaft.